KEINE ANGST VOR KLAMOTTE

BASIC OUTFIT *nähen*

einfach nähen

KEINE ANGST VOR KLAMOTTE

BASIC OUTFIT *nähen*

KLEIDUNG NÄHEN
IN DEN **GRÖSSEN 34–58**

MIT GRUNDLAGEN, NÄHVIDEOS,
SCHNITTANPASSUNG UND DESIGNIDEEN

einfach nähen

EMF

EIN BUCH DER
EDITION MICHAEL FISCHER

VORWORT

Seit meiner Jugend nähe ich mir Kleidung selbst. 2015 habe ich mein Hobby zum Beruf gemacht und teile seitdem mein Wissen mit anderen Nähbegeisterten auf Youtube, Instagram und meiner Website.

Mit meinem Buch möchte ich dir Mut machen, deine Näh-Ängste zu überwinden und dir eine Alltags-Garderobe nach deinen persönlichen Vorstellungen selbst zu nähen. Ich zeige dir nicht nur, wie der jeweilige Schnitt genäht wird, sondern auch, wie du ihn an deinen Körper und deinen persönlichen Geschmack anpassen kannst.

KEINE ANGST VOR KLAMOTTE

Wie oft habe ich in den Jahren gehört: „Ich nähe schon lange für die Kinder oder auch gerne Taschen oder Quilts, aber Kleidung für mich selbst? Das traue ich mich nicht." Die größte Angst ist immer, dass es später nicht passt und die ganze Arbeit umsonst war.

Deswegen habe ich mir das Motto „Keine Angst vor Klamotte" auf die Fahne geschrieben. Gut sitzende Kleidung zu nähen ist nicht schwer, wenn du weißt, wie es geht! Zum Erfolg gehören nicht nur ein gutes Schnittmuster und allgemeine Nähkenntnisse. Mindestens genauso wichtig ist auch das Wissen über die Faktoren, die die Passform eines Kleidungsstückes beeinflussen: Material, Schnittführung und Körperform.

KOMBINIERE DIR IMMER WIEDER EIN NEUES BASIC-OUTFIT

Die drei Schnittmuster in diesem Buch sind so gewählt, dass sich daraus bequeme Alltagskleidung nähen lässt, die das ganze Jahr über getragen werden kann. Sie sind lässig geschnitten, ohne oversized zu sein, und durch die Schnittführung passen sie zu jedem Figurtyp. Mit den entsprechenden Materialien und Farben kannst du sie deinem ganz persönlichen Stil anpassen. Egal, ob du der gemusterte oder eher der schlichte Typ bist, ob du es lieber verspielt oder geradlinig magst, deiner Kreativität sind mit den Schnitten keine Grenzen gesetzt.

Ich wünsche dir ganz viel Freude mit meinem Buch!

Anna von einfach nähen

INHALT

„Das Erfolgsgeheimnis für ein schönes Nähergebnis: 50 % Vorbereitung – 50 % Nähen"

VORBEREITUNG

MATERIAL

STOFFEMPFEHLUNG BEACHTEN

Die Wahl des Materials hat einen enormen Einfluss auf die spätere Passform des Kleidungsstückes. Bei der Schnitterstellung wird bereits festgelegt, aus welchem Material der Schnitt später genäht werden soll. Die Stoffeigenschaften wie Dehnbarkeit oder Fall werden also bereits bei der Konstruktion berücksichtigt. Deswegen solltest du deinen Stoff für das Projekt unbedingt immer nach der Stoffempfehlung wählen.

WEBWARE

Bei Webware werden die einzelnen Fäden wie ein Schachbrett miteinander verwoben. Dadurch ist das Material im Fadenlauf nicht dehnbar. Schneidet man den Stoff allerdings im 45-Grad-Winkel, lässt sich das Material leicht dehnen. Diesen Effekt nutzt man z. B. bei Schrägband.

MASCHENWARE

Bei Maschenware unterscheidet man zwischen Strickware und Wirkware. Die Strickware wird Reihe für Reihe mit einer Masche nach der anderen gestrickt. Bei der Wirkware wird jede Masche einzeln in Reihe nebeneinander von unten nach oben mit der nächsten verknotet. Durch die einzelnen Schlingen ist der Stoff von sich aus dehnbar. Oft wird noch etwas Elastan dazugegeben, damit der Stoff leichter in seine Ursprungsform zurückspringen kann und nicht ausbeult.

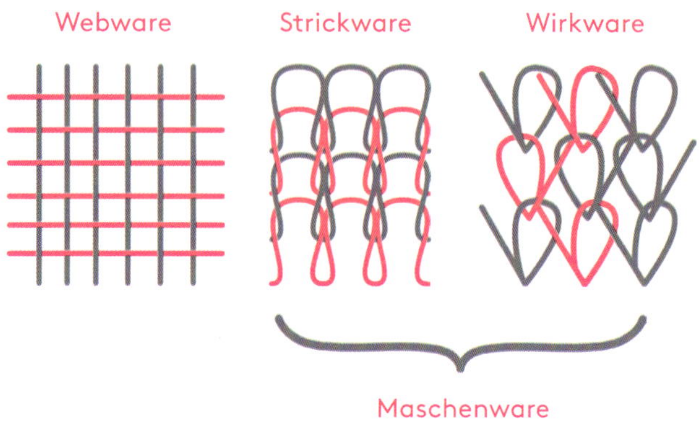

STOFFHERSTELLUNG

Grundsätzlich unterteilt man Stoffe in zwei Kategorien: Webware und Maschenware. Dies bezeichnet die Herstellung bzw. wie die Fäden miteinander zum Stoff verbunden werden.

ROHSTOFFE

Von der Herstellung zu unterscheiden ist das Ausgangsmaterial, das genutzt wird. Die meisten Stoffe bestehen aus Baumwolle, Viskose, Wolle, Leinen, Seide, Kunstfasern oder aus einer Mischung verschiedenster Rohstoffe.

DEHNBARKEIT ELASTISCHER STOFFE

Je nach Herstellungsart und Materialzusammensetzung sind Stoffe unterschiedlich dehnbar. Wenn du von der Stoffempfehlung abweichen möchtest, solltest du die Dehnbarkeit des anderen Materials immer mitberücksichtigen. Wird in einem Schnitt (Baumwoll-)Jersey empfohlen und du wählst aber einen Viskosejersey, kann es passieren, dass du in dem Shirt „ertrinkst“. Wählst du einen Sweatstoff, wird das Shirt später viel zu eng sitzen.

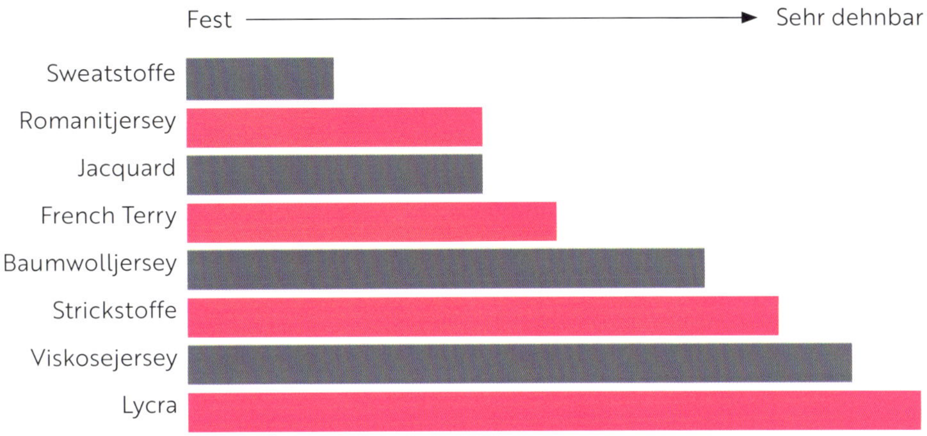

STOFFEMPFEHLUNG

STOFFE FÜR T-SHIRTS UND LONG-SLEEEVES

Für ein T-Shirt oder körpernahes Longsleeve eignen sich insbesondere (Baumwoll-)Jerseys mit oder ohne Elastan oder auch Viskosejersey.

Für das Basic-Shirt in diesem Buch ist ein Baumwolljersey mit ca. 5 % Elastan am besten geeignet.

STOFFE FÜR SWEATSHIRTS

Für einen Pullover, einen Hoodie oder ein Sweatshirt eignen sich in der Regel festere Stoffe wie reiner Baumwollsweat, Sweat mit Elastan, Sommersweat oder French Terry. Je nach Schnitt kann man auch Fleece verwenden.

Das Sweatshirt in diesem Buch wird aus einem Sweat mit ca. 5 % Elastan genäht.

STOFFE FÜR HOSEN

Für Hosen eignen sich grundsätzlich erst einmal alle Stoffe. Hier kommt es darauf an, welche Hose genau genäht wird. Eine Leggings z. B. braucht einen sehr dehnbaren Stoff, eine Jeans hingegen einen festen (Baumwoll-)Stoff, mal mit und mal ohne Elastan.

Für die Hose in diesem Buch benötigst du einen festeren Stoff mit etwas Elastananteil wie z. B. Stretchtwill, Bengalin, Stretchdenim oder auch einen Leinenstoff mit ca. 5 % Elastan.

PFLEGE

VORWÄSCHE

Stoffe aus natürlichen Fasern können bei der ersten Wäsche bis zu 10 % einlaufen. Deswegen solltest du den Stoff vor dem Zuschnitt immer waschen – auch wenn es lästig ist, weil man am liebsten direkt loslegen möchte-

Es ist einfach ärgerlich, wenn das genähte Kleidungsstück nach der ersten Wäsche zu klein ist oder sich merkwürdig verzieht.

PFLEGE

Oft fehlen auf den Stoffen die entsprechenden Pflegesymbole, sodass man gar nicht weiß, wie der jeweilige Stoff gewaschen werden soll. Grundsätzlich sollten die Stoffe bei max. 40 Grad gewaschen werden, mit geeignetem Waschmittel und ohne Weichspüler oder anderen Zusätzen.

Die Stoffe sollten möglichst luftgetrocknet werden, wenn du lange was von deinem Kleidungsstück haben möchtest. Die Hitze des Trockners beeinträchtigt die Struktur der Fasern und lässt auch die Farbe schneller ausbleichen. Bei Stoffen mit Elastan verliert der Stoff seine Sprungkraft und leiert schneller aus.

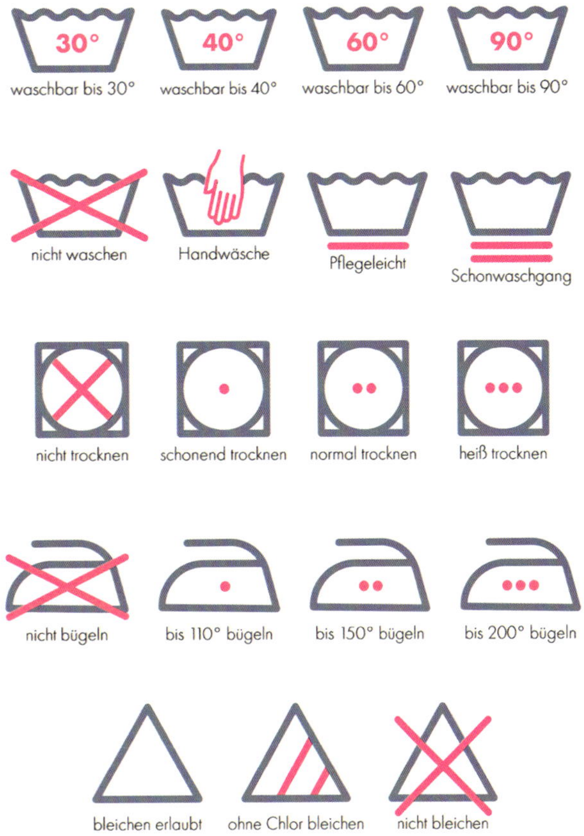

WERKZEUG UND HILFSMITTEL

Für ein schönes Ergebnis ist die Vorbereitung und gutes Werkzeug mindestens genauso wichtig wie deine Nähkenntnisse. Je sorgfältiger du beim Zuschnitt bist, desto einfacher ist es, das Puzzle aus den einzelnen Teilen zusammenzusetzen. Außerdem erkennst du auch schneller, wenn du versehentlich die falschen Teile zusammengesteckt hast.

MESSWERKZEUGE

Damit du die richtige Ausgangsgröße im Schnitt findest und später ermitteln kannst, um wie viel du den Schnitt für dich abändern musst, brauchst du ein flexibles Maßband.

Lineale in unterschiedlichen Längen und Breiten erleichtern dir das Einzeichnen und Zuschneiden.

Mit einem Handmaß kannst du Nahtzugaben einzeichnen oder gleichmäßig säumen.

ZEICHENWERKZEUGE

Wenn du dir auf dem Stoff oder dem Schnittbogen Markierungen, Nahtlinien oder Nahtzugaben einzeichnen möchtest, gibt es hierfür eine Vielzahl an unterschiedlichen Stiften und Hilfsmitteln. Mein persönlicher Favorit ist ein Stückchen Seife. Damit kannst du auf (fast) allen Materialien zeichnen und die Seife lässt sich rückstandslos auswaschen.

Passzeichen übertrage ich mir mit einem kleinen Knips 1–2 mm in die Nahtzugabe. Achtung: nicht zu tief schneiden!

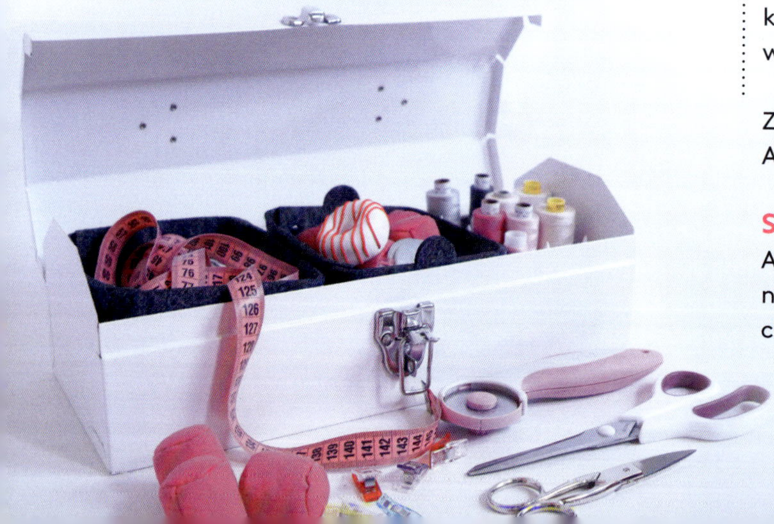

SCHNEIDWERKZEUGE

Klassischerweise wird mit der Schere zugeschnitten. Alternativ eignet sich aber auch ein Rollschneider mit einer entsprechenden Schneidematte. Sowohl die Schere als auch der Rollschneider sollten immer scharf sein, damit die Stoffkanten möglichst glatt sind. Je dicker das Material und je fester die Fasern, desto schneller wird die Klinge stumpf. Scheren kann man nachschleifen lassen, beim Rollschneider wechselt man die Klinge bei Bedarf.

Zusätzlich zur Stoffschere ist eine kleine Schere zum Abschneiden der Fädchen hilfreich.

SONSTIGES

Außerdem habe ich auch immer Nähgewichte, Stecknadeln, Nähklammern, Nahttrenner und ein Stückchen Schokolade als Nervennahrung in Reichweite.

NÄHMASCHINE

99,9 % aller Nähschritte werden mit der Nähmaschine ausgeführt. Ob du ein altes Erbstück oder eine computergesteuerte Hightech-Maschine hast, ist für das Nähergebnis nicht wirklich entscheidend. Viel wichtiger ist, dass du deine Nähmaschine gut kennst. Ein Blick in die Bedienungsanleitung ist immer eine gute Idee.

Unsaubere Nähte oder Fehlstiche können damit zusammenhängen, dass die Maschine verschmutzt ist. Deswegen solltest du sie regelmäßig von Flusen und anderen Rückständen befreien und auch mal unter der Stichplatte alles sauber machen.

NÄHNADELN

Es gibt für (fast) jeden Stoff eine Spezialnadel. In den meisten Fällen reicht aber eine Universalnadel völlig aus. Sobald du Fehlstiche in deiner Naht feststellst, solltest du allerdings darüber nachdenken, die Nadel zu wechseln. Denn die Spitze nutzt sich mit der Zeit ab und das Garn kann durch die Reibung kleine Kerben in die Nadel „schneiden", wodurch der Faden schneller reißen kann.

Nadeltyp	Stoffqualitäten
Universal-Nadel	Batist, Brokat, Crêpe de Chine, Crêpe Georgette, Crinkle, Cupro, Chambray, Cord, Chiffon, Filz, Fleece, Frottee, Garbadine, Krepp, Leinen, Halbleinen, Double Face, dünnes Leder, Nylon, Organdy, Polyester, Popeline, Seersucker, Tüll, Velour, Viskose, Voile, Webpelz, Woll- und Wollmischgewebe
Jersey-Nadel	Ausbrenner, Baumwollstrickstoff, Feinjersey, Fleece, Lycra, Jersey, Nickistoff, Wirkplüsch, Paillettenstoffe, Pannesamt, Samt, Seidenjersey, Single Jersey, Stoffe mit Elastan
Stretch-Nadel	Baumwollstrickstoff, Bouclé, Gaze, Jersey, Lycra, Pelzimitat, Strickstoffe, Sweat, Tüll, Webpelz
Leder-Nadel	Leder dick, Leder dünn, Kunstleder
Microtex-Nadel	Brokat, Chiffon, Crêpe de Chine, Crinkle, Cupro, Crêpe Georgette, Krepp, Kunstleder, Lamé, Mikrofaser-Gewebe, Nylon, Organdy, Organza, Paillettenstoffe, Polyester, Popeline, Seide, Taft, Wachstuch
Stick-Nadel	mit kleiner Kugelspitze und breiterem Nadelöhr für Stickarbeiten (auch als Zwillingsnadel erhältlich)
Goldstick-Nadel	mit Titan-Nitrid-Beschichtung für Stickereien und feste, dicht gewebte Materialien
Metallic-Nadel	für Effekt- und Matallicgarne, mit längerem Nadelöhr (auch als Zwillingsnadel erhältlich)
Stepp-Nadel	mit besonders schlanker Rundspitze für Stepp- und Absteppарbeiten, z. B. beim Quilting oder Patchworken
Nachstick-Nadel	mit besonders langem Nadelöhr für Zier- und Absteppарbeiten mit mehreren Nähfäden
Jeans-Nadel	Jeans/Denim, Arbeitskleidung, Körper, Segeltuch

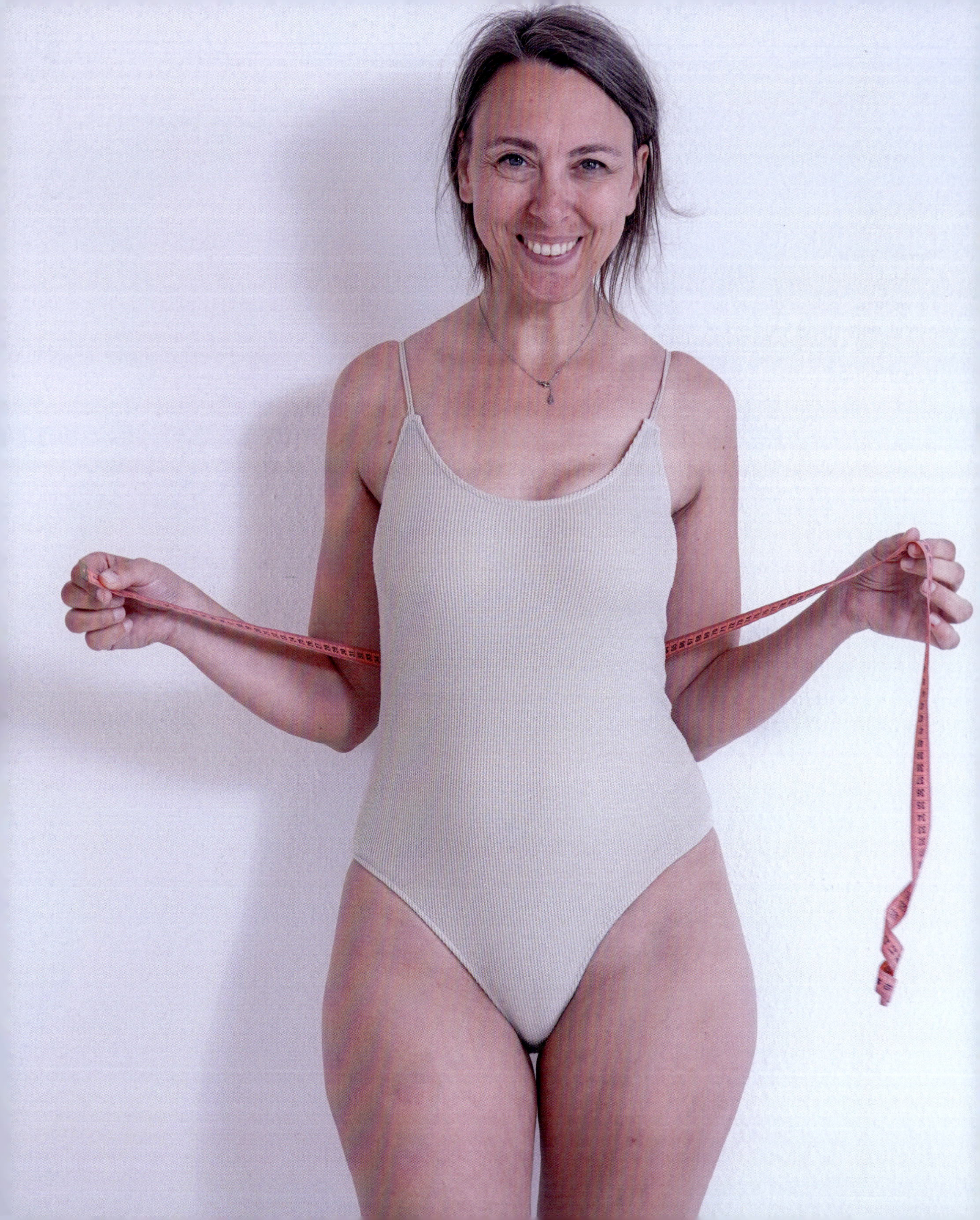

GRÖSSENFINDUNG

RICHTIGE GRÖSSE WÄHLEN

Damit das Kleidungsstück später gut passt, ist es wichtig, die richtige Ausgangsgröße im Schnitt zu wählen. Dadurch entfällt später zwar nicht die Schnittanpassung, aber sie ist dann deutlich einfacher. Stehe deswegen beim Messen locker, als würdest du auf den Bus warten, und sei ehrlich zu deinem Körper und zum Maßband.

MEHR PLATZ FÜR GROSSE BRÜSTE BEI *EINFACH NÄHEN* IM SCHNITT SCHON ENTHALTEN

Die allermeisten Schnittmuster sind ausgelegt für ein B-Körbchen. Das führt unweigerlich zu Passform-Problemen, wenn du eine größere Brust hast. Wählst du den Schnitt einfach nach dem Brustumfang, wählst du automatisch die falsche Ausgangsgröße. Dein Kleidungsstück wird später wie ein Sack an dir herunterhängen. Die Schultern sind zu breit, am Rücken ist zu viel Stoff, die Ärmel hängen verdreht herunter und der Halsausschnitt ist viel zu groß. Das alles anzupassen, ist fast nicht möglich. Es gibt aber eine tolle Lösung für dieses Probelm: FBA („Full Bust Adjustment"). Mit dieser Schnittanpassung wird nur für die größere Brust mehr Platz geschaffen.

Bei allen *einfach nähen* Schnittmustern haben wir diese Anpassung für mehr Platz bei großen Brüsten bereits bei der Schnittkonstruktion vorgenommen. Deswegen wird die Größe nicht nach dem Brustumfang, sondern dem Oberbrustumfang gewählt. Eine zusätzliche Anpassung an die Brustgröße ist nicht nötig.

MASSNEHMEN

Um eine möglichst ideale Ausgangsgröße zu finden, ist es wichtig, dass du beim Ausmessen mit dem Oberbrustumfang beginnst, denn mit diesem bestimmst du die Konfektionsgröße. Erst dann misst du deinen Brustumfang, um den richtigen Schnittbogen für deine Brustgröße auszuwählen. Taillen- und Hüftmaß zeigen dir, ob du deinen Schnitt ab Taille ggf. größenübergreifend anpassen musst.

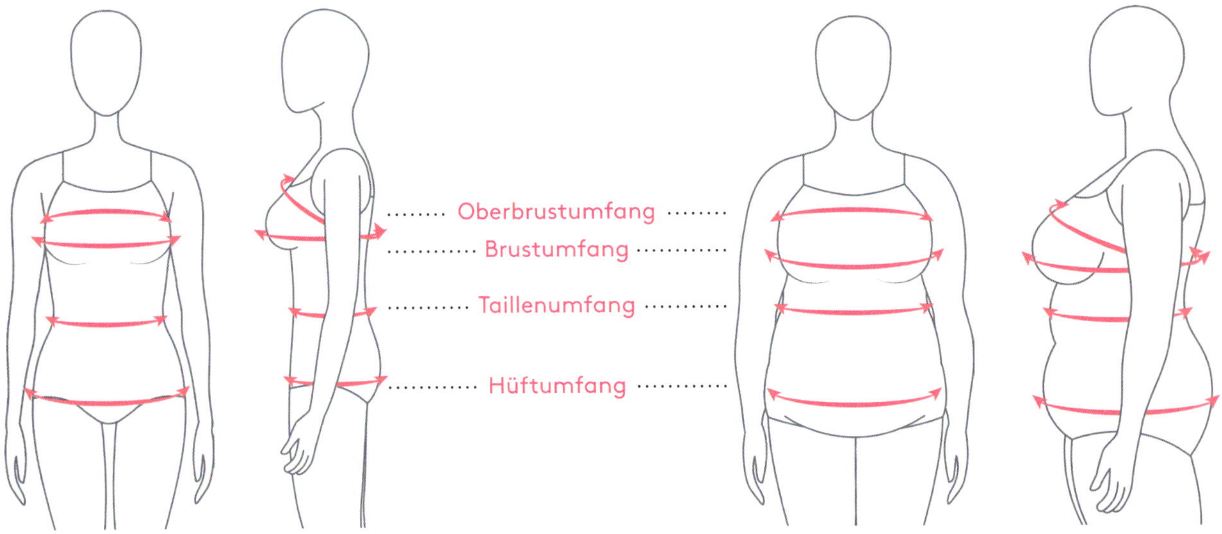

Oberbrustumfang:
vom Rücken auf Brustumfangslinie schräg unter der Achsel hoch über den Brustansatz

Brustumfang:
waagerecht um die stärkste Stelle der Brust

Taillenumfang:
waagerecht um die schmalste Stelle der Taille

Hüftumfang:
waagerecht um die stärkste Stelle des Gesäßes in Höhe der Scham

BEISPIEL

Oberbrustumfang 96 cm → Konfektionsgröße 42
Brustumfang 100 cm → Schnittmusterbogen β
Taillenumfang 81 cm → ab Taille Größe 44
Hüftumfang → auslaufen lassen

EINFACH NÄHEN KÖRPERMASSTABELLE FÜR OBERTEILE

Körpermaße	34	36	38	40	42	44	46	48	50	52	54	56	58
Oberbrustumfang	82	85	88	92	96	100	106	112	118	124	130	138	146
Brustumfang α	84	87	90	94	98	102	108	114	120	126	132	140	148
Brustumfang β	89	92	95	99	103	107	113	119	125	131	137	145	153
Brustumfang γ	94	97	100	104	108	112	118	124	130	136	142	150	158
Taillenumfang	66	69	72	76	80	84	91	97	104	110	117	125	134
Hüftumfang	91	94	97	101	105	109	115	120	126	131	137	144	151

EINFACH NÄHEN KÖRPERMASSTABELLE FÜR OBERTEILE

Körpermaße	34	36	38	40	42	44	46	48	50	52	54	56	58
Taillenumfang	66	69	72	76	80	84	91	97	104	110	117	125	134
Hüftumfang α	87	90	93	97	101	105	111	116	122	127	133	140	147
Hüftumfang β	91	94	97	101	105	109	115	120	126	131	137	144	151
Hüftumfang γ	94	97	100	104	108	112	118	123	129	134	140	147	154

GRÖSSENÜBERGREIFEND ARBEITEN

Wenn dein Taillen- oder Hüftmaß größer oder kleiner als die vom Oberbrustumfang bestimmte Konfektionsgröße ist, kannst du im Schnitt ab der Achsel bzw. Taille größenübergreifend arbeiten. Verbinde die jeweiligen Größen dann in einem schönen Verlauf miteinander.

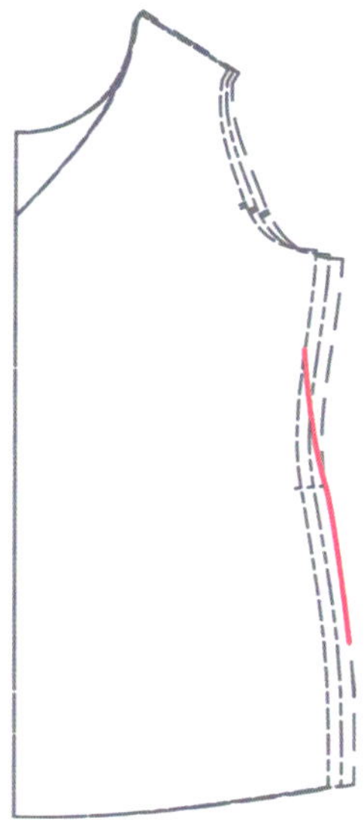

DOWNLOAD

SCHNITTMUSTER DOWNLOADEN

Die Schnittmuster zu diesem Buch kannst du dir herunterladen, ausdrucken und zu einem Schnittbogen zusammenkleben. Die Dateien sind als pdf in DIN A4 hinterlegt. Zum Downloadbereich gelangst du über diesen QR-Code:

Öffne die Fotoapp oder eine entsprechende QR-Code-App auf deinem Handy oder Tablet und scanne den Code, um direkt in den Downloadbereich zu gelangen.

Oder lade dir die Dateien direkt über diesen Link herunter:

Hier downloaden
https://www.emf-verlag.de/buecher/handarbeiten/naehen/keine-angst-vor-klamotte-basic-outfit-naehen-von-anna-einfach-naehen/978-3-7459-1885-4

NÄHVIDEOS

Zu den einzelnen Modellen kannst du dir über den QR-Code auch noch jeweils das Nähvideo anschauen.

SCHNITT-VORBEREITUNG

AUSDRUCKEN

Speichere dir zuerst die Datei mit dem Schnittmuster ab und drucke sie dann aus. Achte dabei darauf, dass im Druckfenster die tatsächliche Größe auf 100 % und Hochformat eingestellt ist.

Um sicherzugehen, dass alles die richtige Größe hat, miss nach dem Drucken das Kontrollkästchen aus. Nur wenn es die angegebenen 5 cm hat, sind die Größenverhältnisse korrekt.

DRUCKANLEITUNG MIT EBENEN

Da jede Größe auf einer eigenen Ebene angelegt ist, kannst du entscheiden, ob du alle Größen oder nur deine Größe ausdrucken möchtest. Blende dazu im Ebenenbedienfeld deines PDF-Viewers einfach alle Größen aus, die du nicht benötigst.

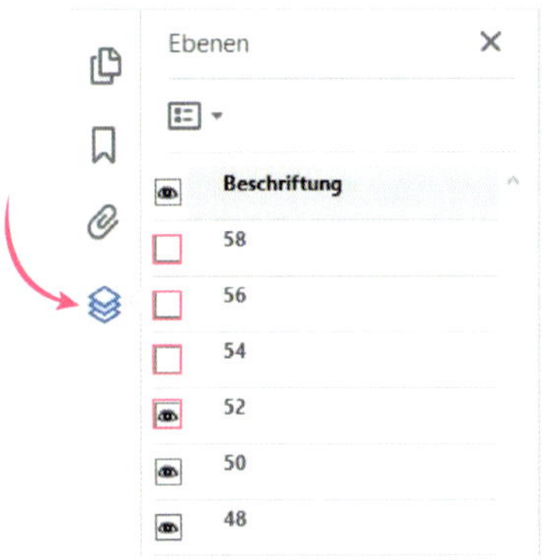

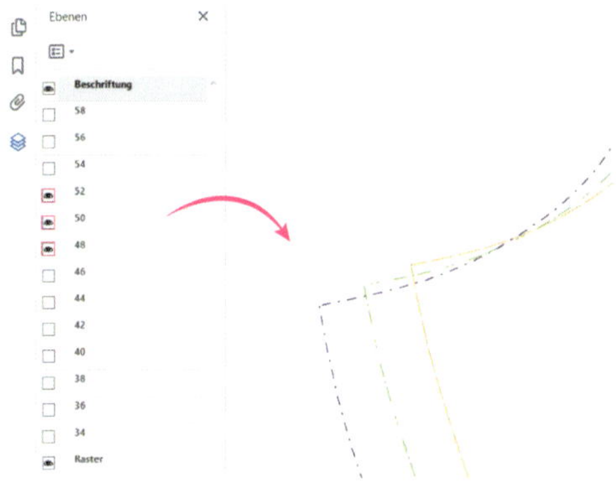

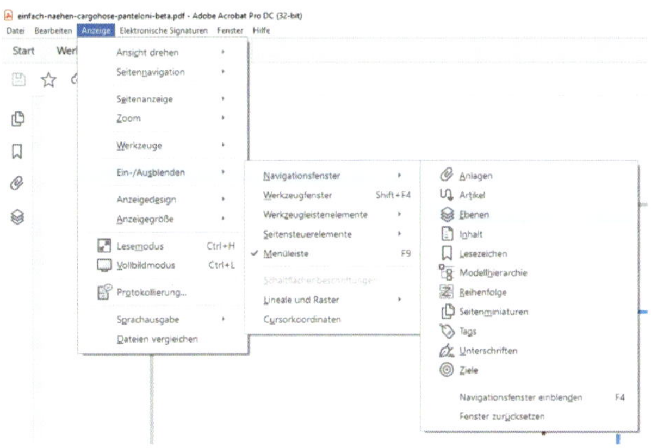

Sollten die einzelnen Ebenen bei dir nicht eingeblendet sein, kannst du sie über den folgenden Pfad aktivieren: **Anzeige > Ein-/Ausblenden > Navigationsfenster > Ebenen**

SCHNITTMUSTER KLEBEN

DER ECKENTRICK

Damit das Kleben nicht zur Tagesaufgabe wird, gibt es einen kleinen Trick:

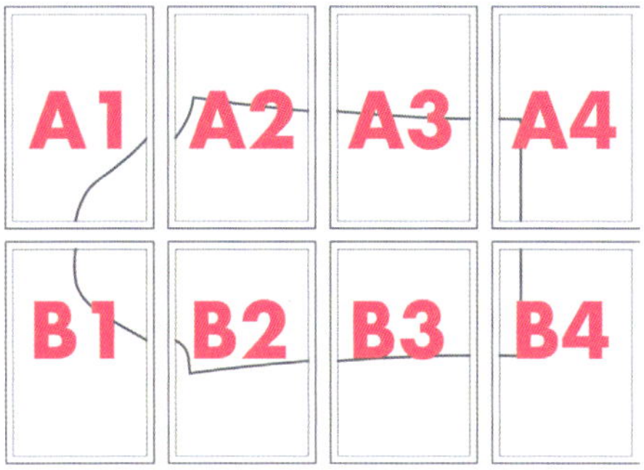

Lege das erste Blatt A1 vor dich hin und schneide dann an ALLEN folgenden Blättern die beiden Ecken ab, die auf das erste Blatt treffen.

Klebe das Blatt A2 dann so auf das erste, dass die Randlinien fortgeführt werden. Wiederhole das, bis die nächste Reihe anfängt.

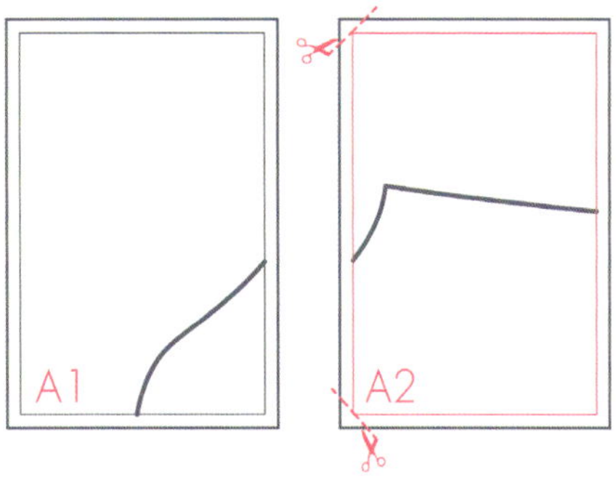

Lege dir das erste Blatt der 2. Reihe (B1) an das 1. Blatt der 1. Reihe (A1) und schneide wieder an ALLEN restlichen Blättern die noch verbleibende Ecke ab, die auf die erste Reihe treffen.

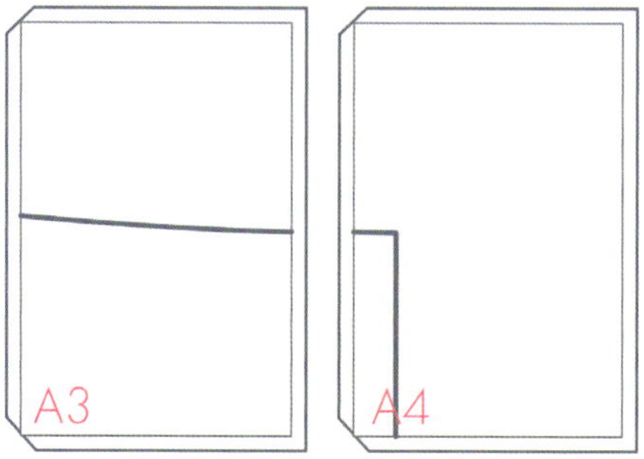

Lege die Blätter weiter der Reihe nach aneinander, sodass die Ränder gleichmäßig fortgeführt werden, bis der komplette Bogen geklebt ist.

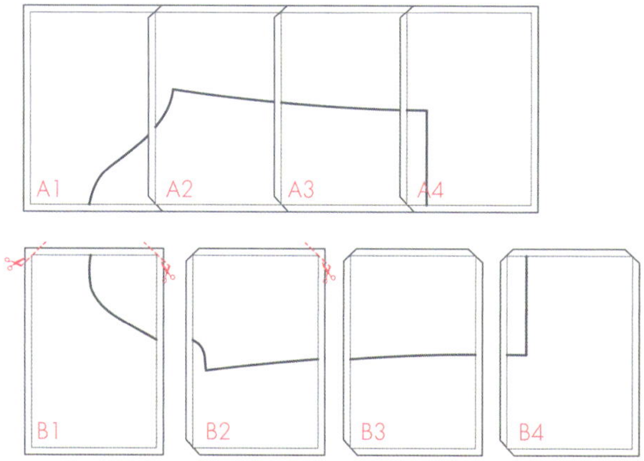

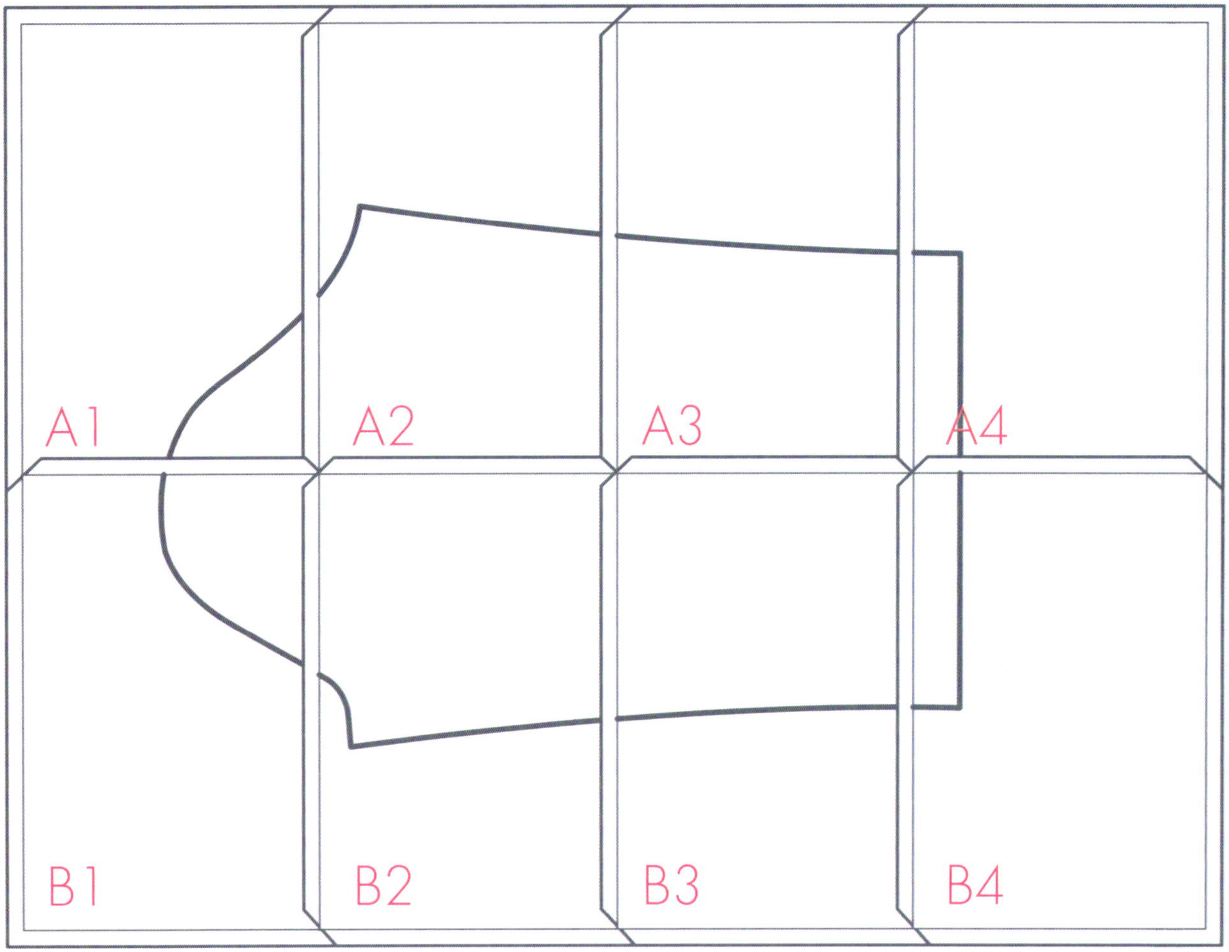
A1
A2
A3
A4
B1
B2
B3
B4

VORABÄNDERUNGEN

Noch bevor du dein erstes Probeteil nähst, kannst du schon die ersten Anpassungen vornehmen. Schnittmuster werden in der Regel auf eine Körperlänge von 1,68 m gradiert. Wenn du größer oder kleiner bist, heißt das aber nicht direkt, dass du deinen Schnitt anpassen musst. Entscheidend sind deine Proportionen. Und natürlich auch, was deine persönliche Wunschlänge ist.

Bei einem Oberteil kannst du die Gesamtlänge sowie die Ärmellänge, bei Hosen die Beinlänge mit dem Schnitt vergleichen und anpassen.

OBERTEILE VERLÄNGERN/VERKÜRZEN

Wenn du ein Oberteil verlängern oder kürzen möchtest, weil du entweder deutlich größer oder kleiner als 1,68 m bist oder dir die Länge nicht gefällt, dann gibt es hierfür zwei unterschiedliche Methoden: dazwischensetzen oder anfügen.

OBERKÖRPERLÄNGE AUSMESSEN

Gemessen wird von der Schulter bis zur Taille bzw. bis zu dem Punkt, wo später das Oberteil enden soll.

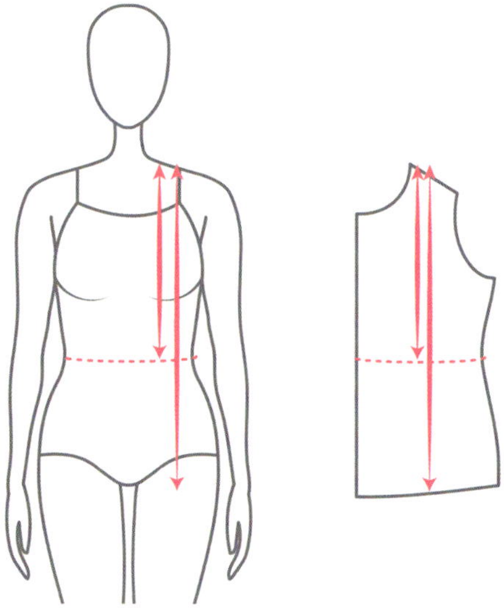

OBERKÖRPERLÄNGE MESSEN UND TAILLENHÖHE BESTIMMEN

Miss hierfür einmal von den Schultern bis zu deiner Taille und vergleiche diese Länge mit deinem Schnittmuster. Die Differenz verrät dir, um wie viel du dein Schnittmuster verlängern oder kürzen musst.

OBERTEIL MIT TAILLIERUNG

Wenn du ein Oberteil mit einer Taillierung hast, dann sollte die Taille im Schnittmuster auch dort sein, wo sie bei deinem Oberkörper ist.

Schneide die Schnittteile für vorne und hinten jeweils an der Taille waagerecht zum Saum auseinander.

VERKÜRZEN

Wenn du das Oberteil verkürzen möchtest, dann schiebe das jeweils untere Teil um die entsprechende Länge in das obere Teil hinein. Im Anschluss musst du noch die Seitennaht zu einem schönen Verlauf neu zeichnen. Achte darauf, dass die neue schmalste Stelle deiner Taillenhöhe entspricht.

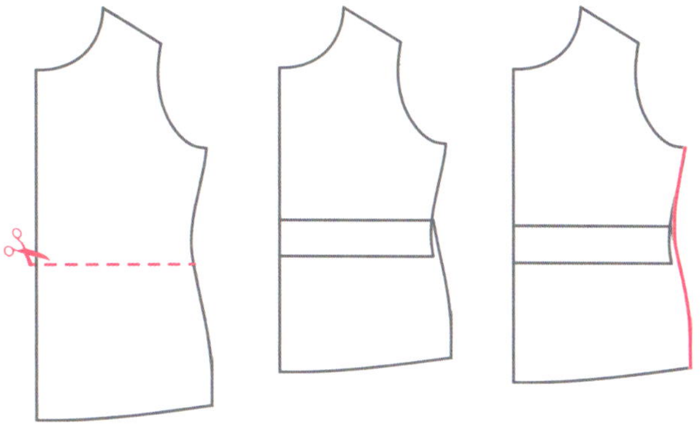

VERLÄNGERN

Wenn du das Oberteil verlängern möchtest, dann schiebst du die beiden Teile so weit auseinander, bis du die entsprechende Gesamtlänge erreichst. Zeichne dir auch hier eine neue, harmonische Seitenlinie ein, bei der die schmalste Stelle auf Höhe deiner Taille liegt.

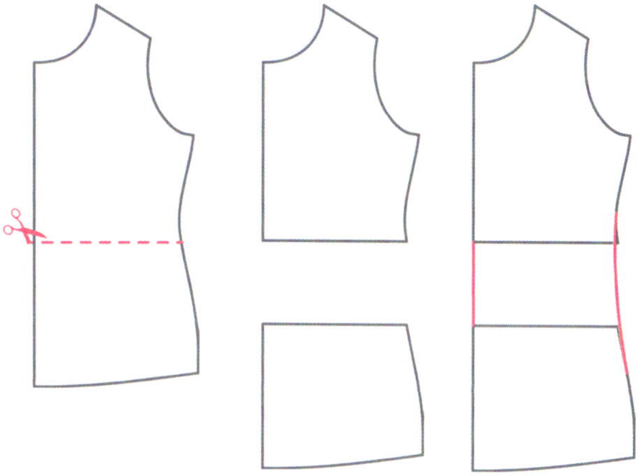

GERADE GESCHNITTENES OBERTEIL

Wenn du ein Schnittmuster für ein Oberteil ohne Taillierung hast, es also gerade nach unten verläuft, kannst du die gewünschte Länge einfach unten am Saum hinzufügen bzw. entfernen.

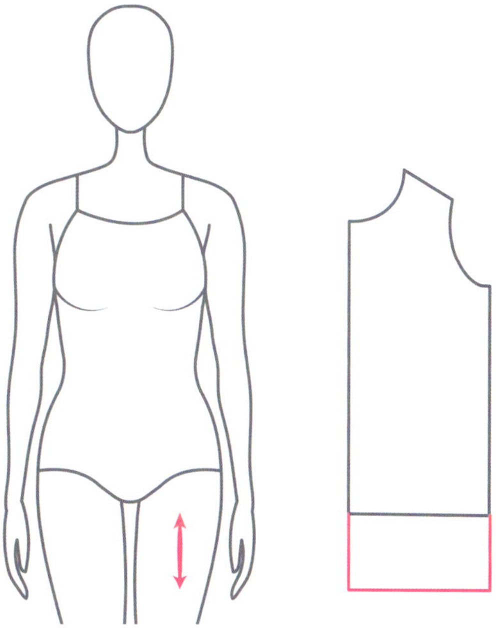

ÄRMEL VERLÄNGERN/VERKÜRZEN

Wenn dein Oberteil an den Armen zu kurz oder zu lang ist, kannst du den Ärmel in wenigen Schritten verlängern oder kürzen.

Da sich ein Ärmel in der Regel nach unten zum Saum verjüngt, kann man den Schnitt nicht einfach unten verlängern, da er sonst zu schmal wird und im schlimmsten Fall die Hand nicht mehr durchpasst.

Und wenn du den Ärmel unten einfach abschneidest, um ihn zu verkürzen, ist der Durchlass zu breit und der Ärmel am Handgelenk zu weit. Oder das Bündchen passt nicht mehr an den Ärmel, weil zu viel Stoff da ist. In beiden Fällen sollte der Ärmelsaum die gleiche Breite haben wie in der Originallänge.

ÄRMELLÄNGE AUSMESSEN

Wenn deine Arme nicht die „Standard"-Länge haben, solltest du den Schnitt einmal mit deinen Maßen vergleichen. Winkle dafür deinen Arm leicht an und miss von dem kleinen „Knubbel" auf deiner Schulter am oberen Ende deiner Armkugel über die äußere Kante deines Ellenbogens bis zum Handgelenk. Am Schnittteil misst du dann von der höchsten Stelle der Ärmelrundung bis zum Saum.

Wenn später noch ein Bündchen angenäht wird, musst du dieses natürlich bei der Gesamtlänge berücksichtigen.

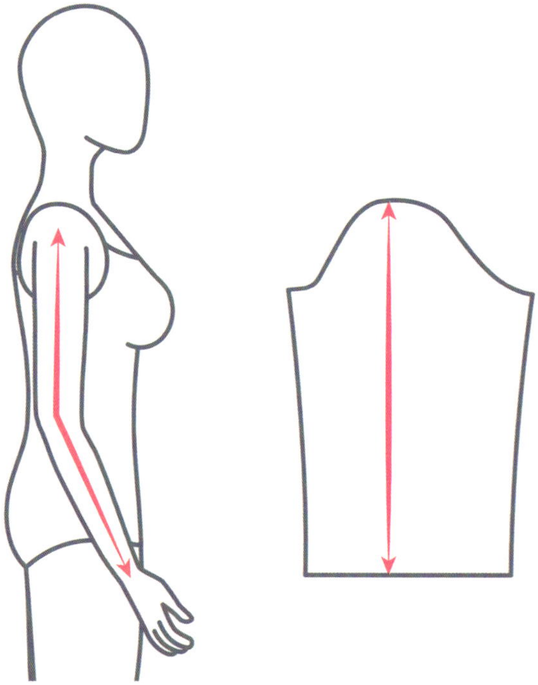

LINIEN EINZEICHNEN & ÄRMEL AUFSCHNEIDEN

Zeichne dir in das Ärmellschnittteil mittig eine senkrechte Linie ein. Danach eine weitere Linie waagerecht parallel zum Saum im unteren Drittel des Ärmels. Danach kannst du das Schnittteil an der waagerechten Linie auseinanderschneiden.

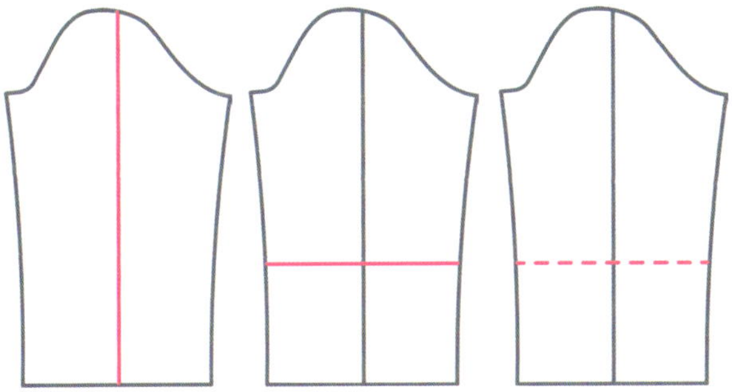

ÄRMEL VERLÄNGERN

Um den Ärmel zu verlängern, wird das Schnittteil waagerecht um den gewünschten Wert gleichmäßig auseinandergeschoben. Danach musst du noch die Seitenlinien wieder harmonisch miteinander verbinden.

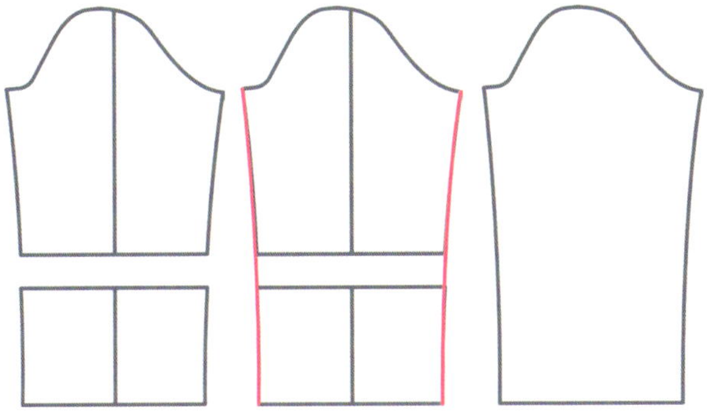

ÄRMEL VERKÜRZEN

Möchtest du den Ärmel kürzen, dann schiebst du die beiden Schnittteile um den gewünschten Wert zusammen. Dadurch behält der Ärmel die Originalweite am Saum. Zum Schluss nur noch die Seitenlinien harmonisch anpassen.

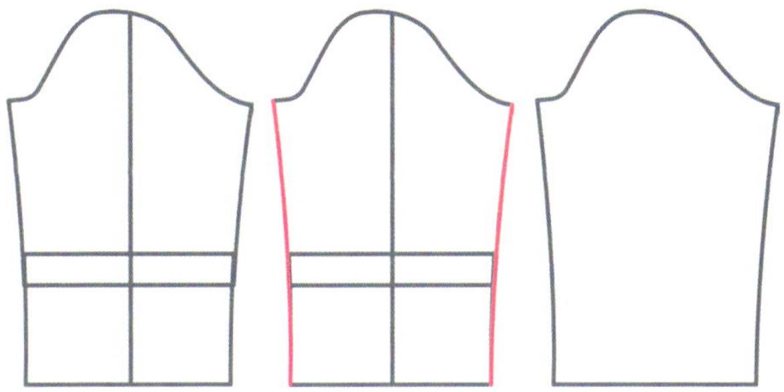

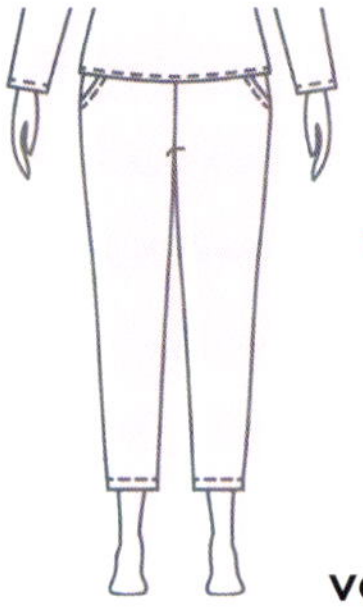

HOSENBEINE VERLÄNGERN/VERKÜRZEN

Wer größer oder kleiner als 1,68 m ist oder wessen Beinlänge von den Standardmaßen abweicht, kann die Hose in wenigen Schritten im Schnitt verlängern oder kürzen.

AUSMESSEN DER TATSÄCHLICHEN BEINLÄNGE

Um zu wissen, um wie viel du die Hose an den Beinen verlängern oder kürzen musst, stell dich gerade hin und miss seitlich von deiner Taille bis zur Fußsohle bzw. zu dem Punkt, wo deine Hose enden soll. Miss dann auch noch einmal die Innenbeinlänge vom Schritt bis dahin, wo der Saum deiner Hose sein soll. Vergleiche die Werte mit deinem Schnittmuster.

Bei engen Hosen ist es hilfreich zu wissen, wo im Schnitt das Knie sitzen soll und das mit deinen Beinen zu vergleichen. Sitzt das Knie im Schnitt deutlich höher oder tiefer als bei dir, kann sich die Hose beim Tragen verziehen und rutschen.

Je nach Form der Hosenbeine gibt es zwei Möglichkeiten, die Hose zu verlängern oder zu kürzen.

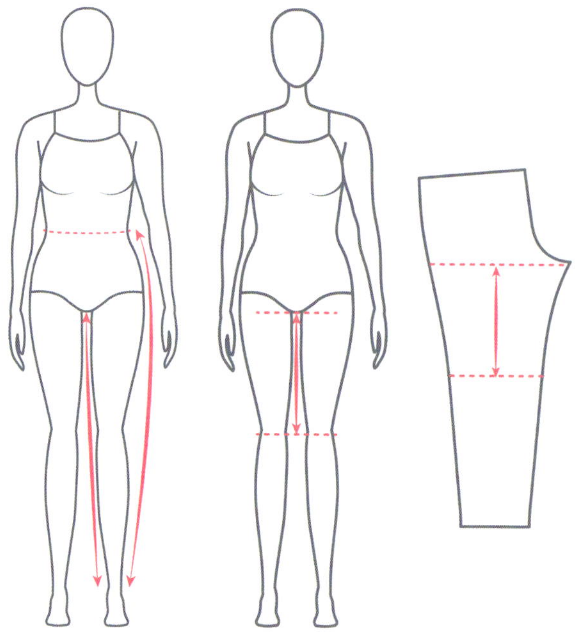

GERADE GESCHNITTENES BEIN: SAUMLÄNGE ÄNDERN

Bei gerade geschnittenen Hosen kannst du das Hosenbein an Vorder- und Hinterhose unten am Saum verlängern oder kürzen.

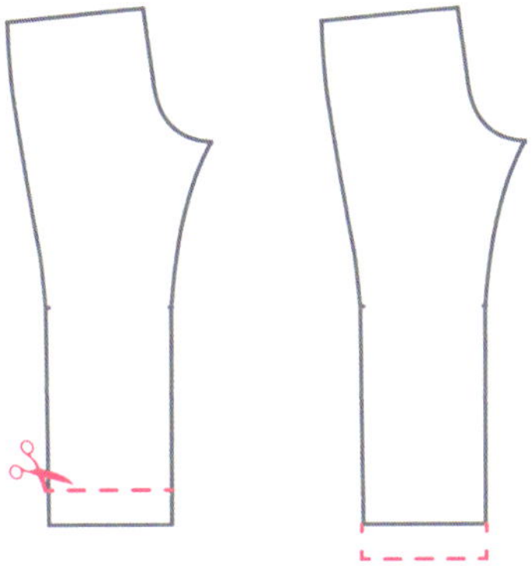

ZULAUFENDES ODER AUSGESTELLTES HOSENBEIN: SCHNITTMUSTER AUFSCHNEIDEN UND VERSCHIEBEN

Ein Hosenbein, das sich nach unten verjüngt (z.B. Karotte) oder verbreitert (z.B. Schlaghose) kann nicht einfach nur am Saum verlängert oder gekürzt werden.

Bei diesen Hosen schneidest du oberhalb und unterhalb des Knies die Hosenbeine parallel zum Saum komplett durch.

HOSENBEIN VERLÄNGERN

Wenn du das Hosenbein verlängern möchtest, schiebst du die Schnittteile um den gewünschten Wert auseinander.

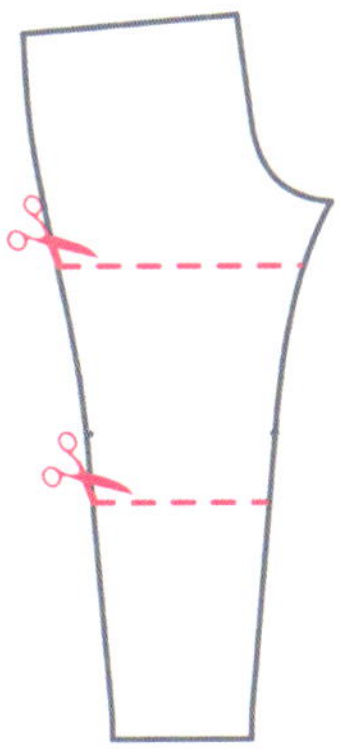

HOSENBEIN KÜRZEN

Möchtest du sie kürzen, schiebst du sie zusammen.

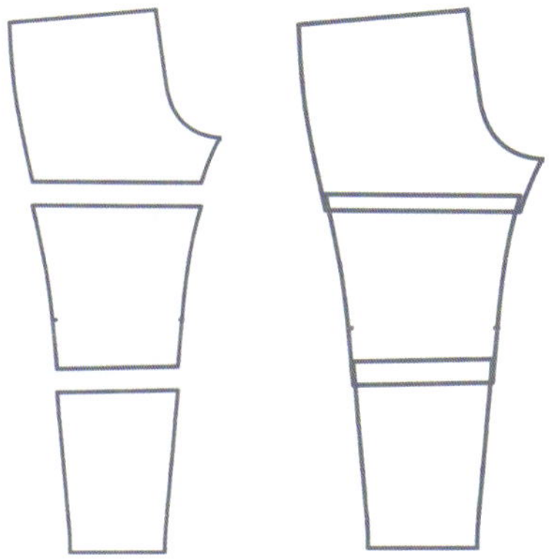

NEUE SEITENLINIEN EINZEICHNEN

Zum Schluss musst du die Seitenlinien neu einzeichnen, sodass sie bei den Übergängen harmonisch zur ursprünglichen Seitenlinie verlaufen.

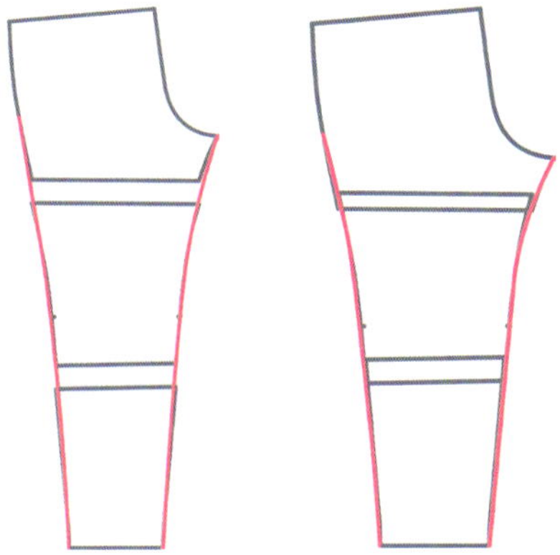

ZUSCHNITT

Nimm dir für den Zuschnitt ausreichend Zeit und versuche, so genau wie möglich zu arbeiten. Ein sauberer Zuschnitt hilft dir beim Zusammensetzen der einzelnen Teile und verhindert, dass du versehentlich Teile zusammennähst, die gar nicht zusammengehören.

Achte beim Zuschnitt darauf, dass die Schnittteile mit Stecknadeln am Stoff fixiert sind, wenn du sie mit der Schere ausschneidest. Wenn du den Rollschneider nutzt, helfen dir Gewichte dabei, dass nichts verrutscht.

Scharfes Werkzeug sollte selbstverständlich sein, damit die Stoffkanten schön glatt sind und sich keine Fäden ziehen.

Auf den Schnittteilen findest du einige Informationen, die dir dabei helfen, die einzelnen Teile korrekt zuzuschneiden.

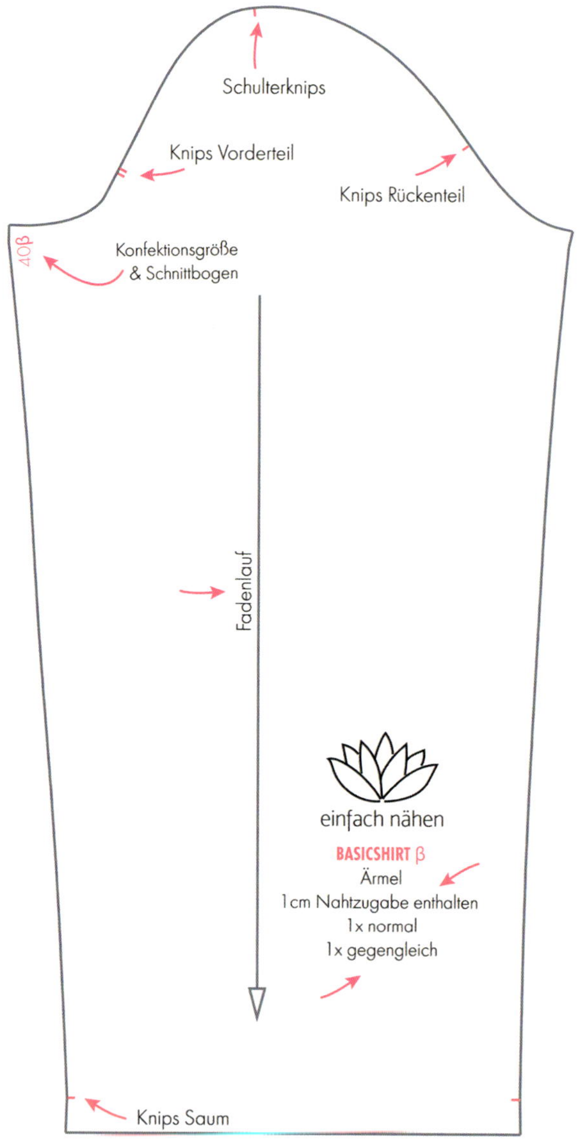

NAHTZUGABE

Damit die einzelnen Teile später gut halten und nicht auseinanderreißen, näht man mit einem bestimmten Abstand zur Stoffkante. Dieser Abstand wird Nahtzugabe genannt.

Alle Schnittmuster von *einfach nähen* enthalten bereits 1 cm Nahtzugabe. Dadurch kannst du die Schnittteile direkt auf den Stoff legen und zuschneiden und musst nicht noch extra Nahtzugabe hinzufügen.

BRUCH

Die einzelnen Schnittteile werden in der Regel im Bruch zugeschnitten. Das bedeutet, dass der Stoff doppelt liegt. Das hat den Vorteil, dass die einzelnen Teile direkt für die linke und die rechte Körperhälfte zugeschnitten werden.

Steht auf einem Schnittteil, dass dieses im Bruch zugeschnitten werden soll, heißt das, dass die Kante des Schnittteils, an dem das Wort „Bruch" vermerkt ist, an die Knickkante des Stoffes gelegt wird.

Fertig ausgeschnitten hast du dann ein doppelt so großes Stoffstück, das mittig gespiegelt ist.

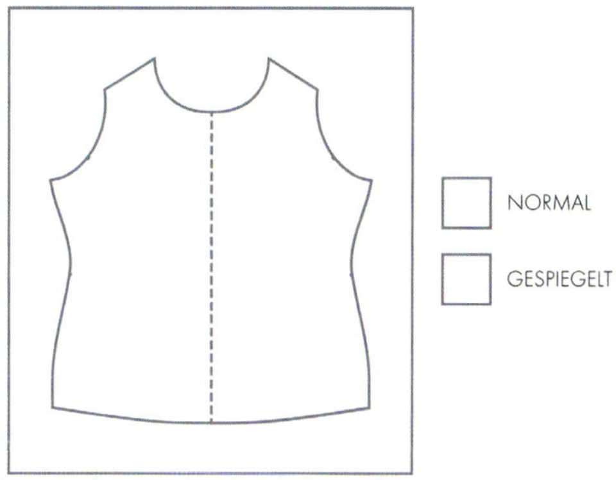

GESPIEGELT/GEGENGLEICH

Schnittteile, die bei doppelter Stofflage nicht an die Bruchkante gelegt werden, sind nach dem Zuschnitt gespiegelt. Das heißt, du erhältst ein Teil für die linke Körperhälfte und eines für die rechte.

Solltest du mal nicht ausreichend Stoff haben, dass du diesen in doppelter Lage ausschneiden kannst, dann kannst du die Teile auch einlagig zuschneiden. Achte dann darauf, dass du beim zweiten Zuschnitt das Schnittteil einmal so umdrehst, dass die Beschriftung nicht zu sehen ist.

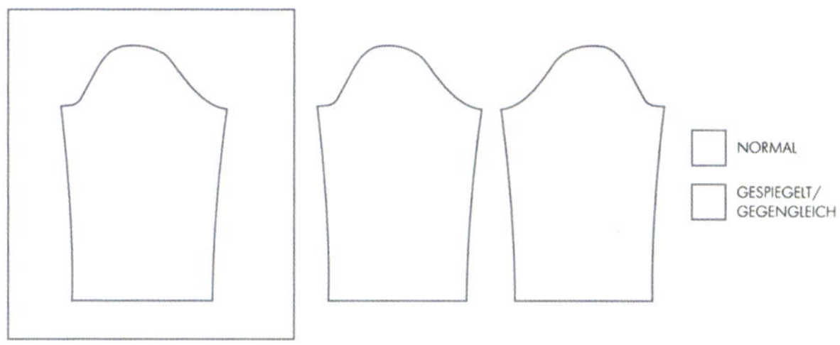

FADENLAUF

Jeder Stoff hat eine bestimmte Richtung, den sogenannten Fadenlauf. Der Fadenlauf beim fertig genähten Kleidungsstück verläuft in der Regel von der Nasenspitze zur Fußspitze, also einmal an deinem Körper von oben nach unten. Hier kommen ein paar Tipps, wie du den Fadenlauf deines Stoffes findest.

LAUFRICHTUNG DES MUSTERS

Bei Motivstoffen verläuft der Fadenlauf in der Regel so wie das Motiv.

WEBKANTE

Bei Stoff findest du links und rechts eine breitere Verdickung. Manchmal sind da auch kleine Löcher zu erkennen. Dort ist der Stoff, nachdem er aus der Maschine rausgekommen ist, über Transportrollen gelaufen. Diese Webkante gibt dir den Fadenlauf vor.

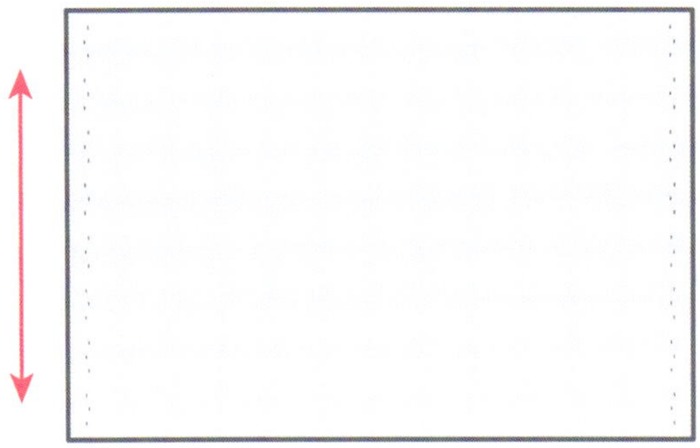

STOFFFORMAT

Hast du ein frisch abgeschnittenes Stückchen Stoff, dann kannst du dich auch ein bisschen an der Stoffgröße orientieren. Die meisten Stoffe liegen 140 cm oder 160 cm breit. Wenn du also nur 1 m von dem Stoff abgeschnitten hast, hast du ein Rechteck und der Fadenlauf verläuft so, dass die kurzen Seiten links und rechts von dir liegen und der Fadenlauf von oben nach unten verläuft.

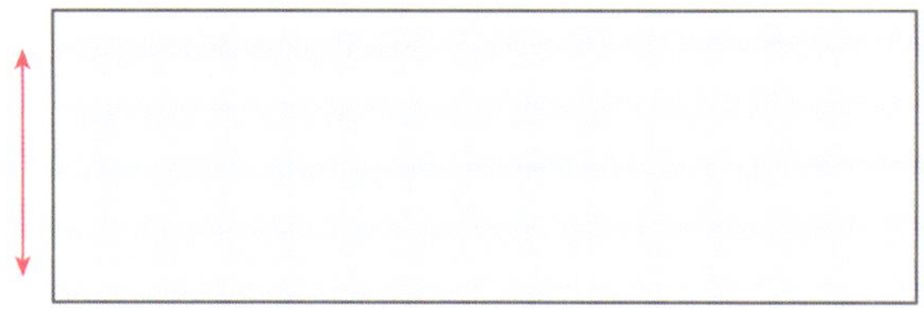

RICHTUNG DER FÄDEN (WEBWARE)

Bei gewebten Stoffen verlaufen Fäden von oben nach unten und von links nach rechts und sind ineinander wie ein Schachbrettmuster verwoben. Diese Fäden zeigen dir auch den Fadenlauf an. Bei gewebten Stoffen ist es dabei egal, ob du dich an den senkrechten oder waagerechten Fäden orientierst. Du solltest dich nur für eine Richtung entscheiden und dann dein Schnittmuster an diesen Fäden ausrichten.

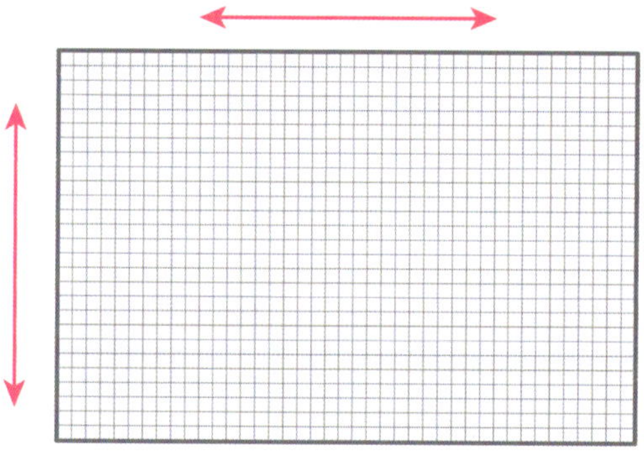

RICHTUNG DER SCHLAUFEN (MASCHENWARE)

Bei dehnbaren Stoffen lässt sich der Fadenlauf ganz leicht erkennen, wenn du den Stoff ein wenig auseinanderziehst. Es entstehen kleine Rillen oder Rippen, die den Fadenlauf vorgeben.

AUSRICHTUNG

Das Schnittteil wird so auf dem Stoff ausgerichtet, dass der Pfeil auf dem Schnittteil parallel zum Fadenlauf verläuft. Bei Schnittteilen, die im Bruch zugeschnitten werden, entspricht der Fadenlauf der Bruchkante.

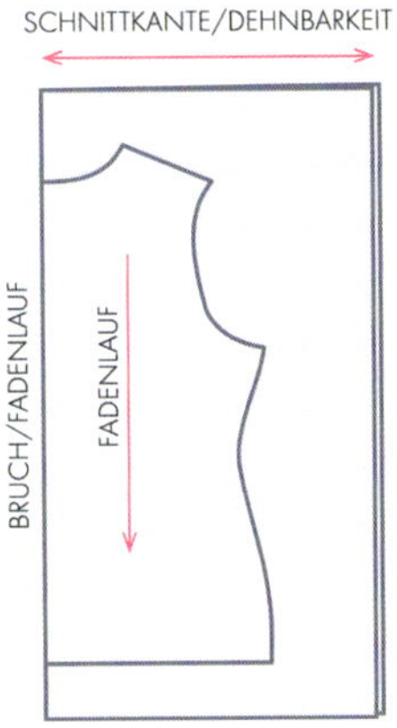

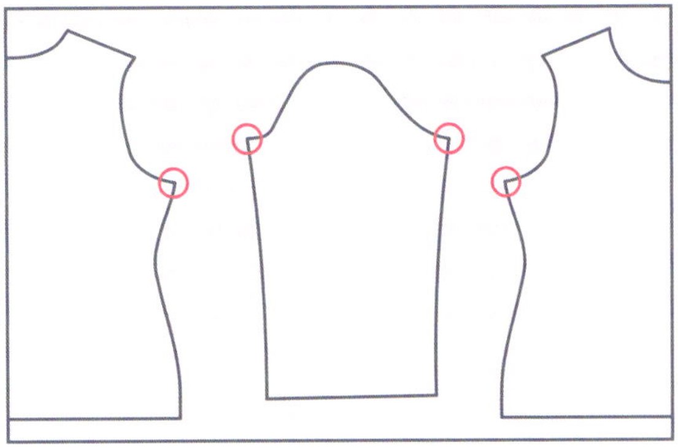

STREIFEN ODER KAROS

Wenn du dir einen Streifenstoff oder Karos ausgesucht hast, suche dir auf dem Stoff Ankerpunkte, an denen du dich orientieren kannst.

Das Muster sollte natürlich unten am Saum waagerecht sein. Und damit das Muster auch seitlich aufeinandertrifft, müssen Vorder- und Rückteil am Saum auf der gleichen Musterhöhe beginnen.

Wenn das Muster auch am Ärmel auf der gleichen Höhe sein soll, ist es wichtig, dass die Ärmel am Achselpunkt so ausgerichtet werden, dass diese dem Vorder- bzw. Rückteil entsprechen

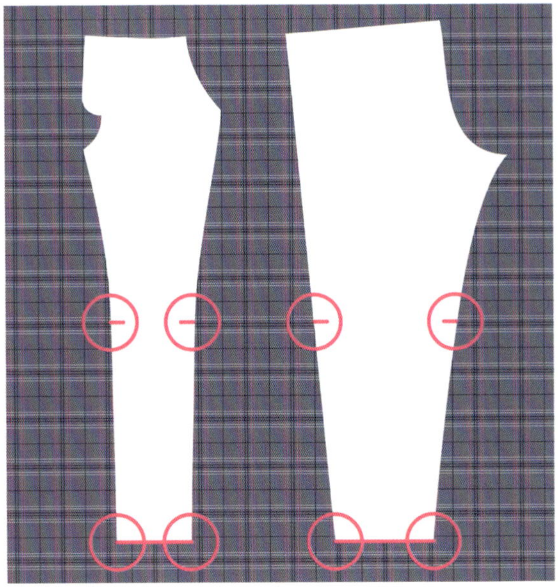

MOTIVSTOFFE

Wenn du einen Stoff mit Motiven zuschneidest, achte darauf, dass das Motiv mittig platziert ist. Auch kleinere Motive, die untereinander in Reihen laufen, sollten so ausgerichtet sein, dass die Motive mittig untereinanderliegen.

MARKIERUNG

MARKIERUNGEN (PASSZEICHEN)

Auf den einzelnen Schnittteilen sind am Rand häufig kleine Striche oder auch andere Zeichen, die dir Informationen für das Zusammennähen geben. Diese kleinen Striche sind dafür da, dass du die Stoffkanten der Schnittteile gleichmäßiger aufeinanderstecken kannst. Am Ärmel helfen sie dir zu erkennen, was vorne und was hinten ist.

Diese Markierungen solltest du dir auf jeden Fall auf den Stoff übertragen. Entweder mit Kreide, einem Markierstift oder Stecknadeln. Oder du machst dir ein paar Knipse in den Stoff, indem du an der entsprechenden Stelle 1–2 mm in die Nahtzugabe schneidest.

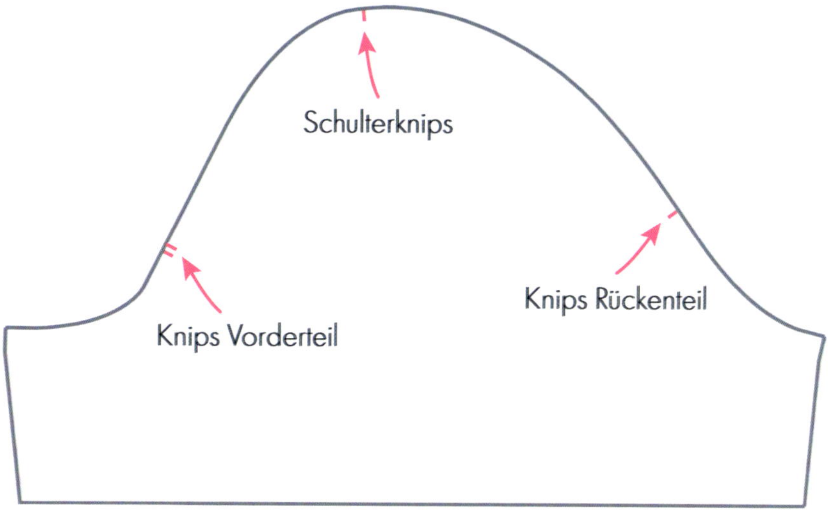

„Nähen ist wie Puzzeln – jedes Teil passt nur an eine ganz bestimmte Stelle. Und erst, wenn alles zusammengesetzt ist, erkennt man das Ganze.“

NÄHEN

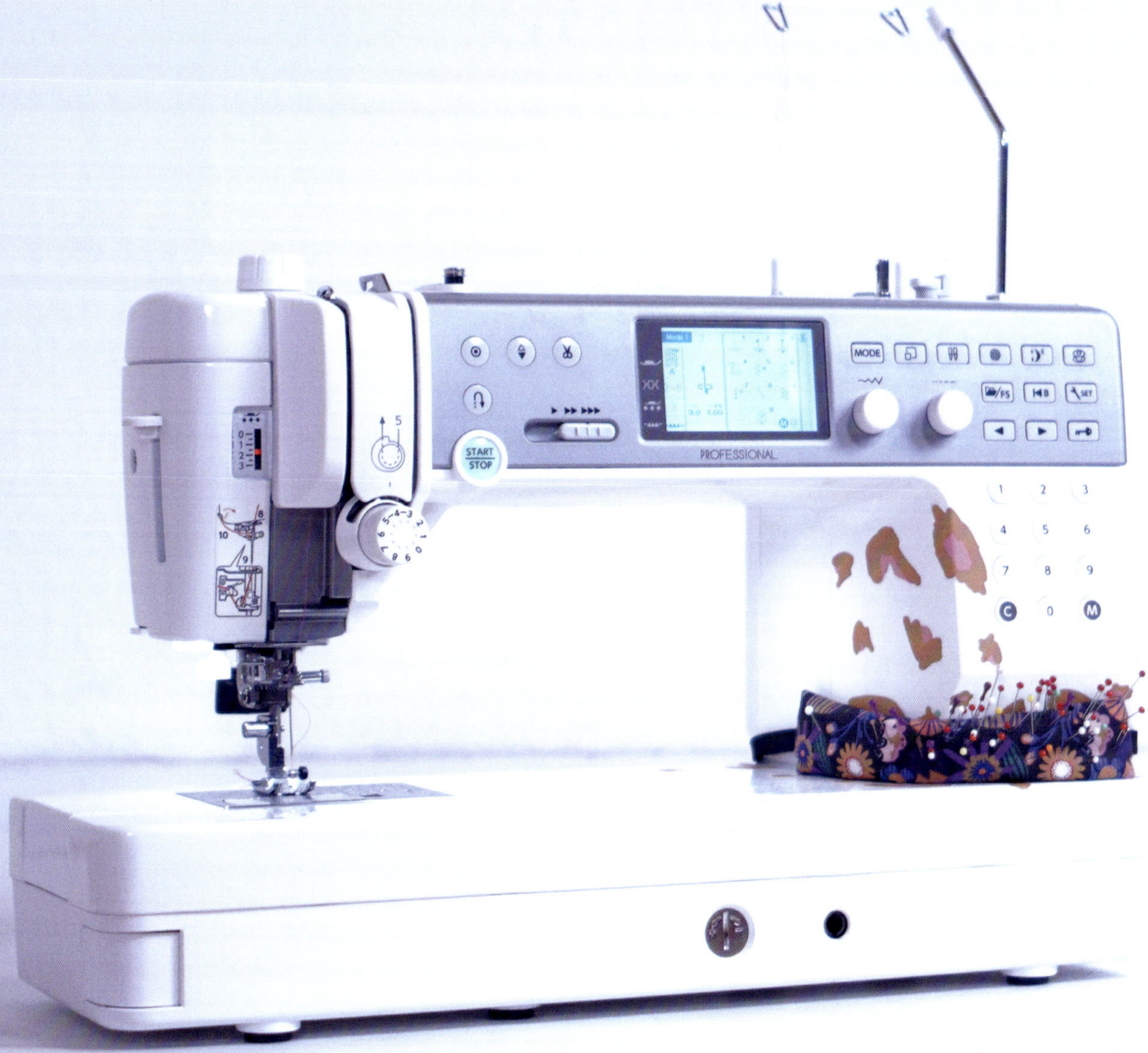

PROBENAHT

Vor jedem Nähprojekt solltest du eine Probenaht machen um herauszufinden, mit welchen Einstellungen du zu dem besten Nähergebnis kommst. Kriterien sind Stichlänge, Stichbreite, Nähfuß, Fadenspannung und Nähnadel. Teste mit genau dem Material, das du später vernähen möchtest. Und auch immer in doppelter Stofflage.

BEDIENUNGSANLEITUNG

Ein Blick in die Bedienungsanleitung kann helfen, die richtigen Einstellungen an deiner Maschine zu finden. Welcher Fuß eignet sich wofür? Welche Stiche kann meine Maschine überhaupt? Wie kann das Stichbild verbessert werden?

Auch wenn du glaubst, deine Maschine „blind" bedienen zu können, findet man immer wieder Dinge heraus, die man vorher noch nicht kannte oder wieder vergessen hat.

STICHBREITE

Die Stichbreite ist relevant für alle Stiche, die in die Breite gehen, wie z.B. der Zickzackstich. Je größer die Zahl, desto breiter wird der Stich.

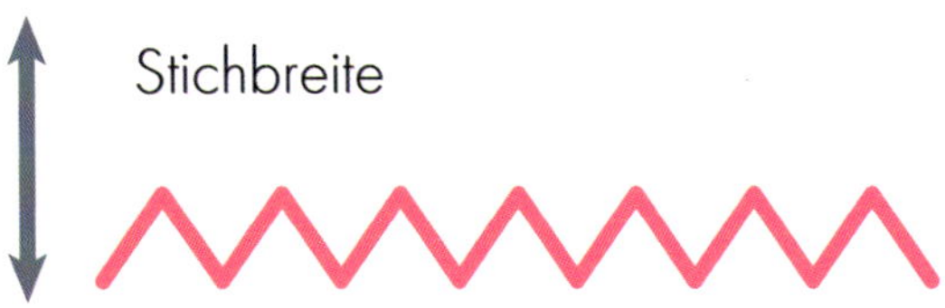

STICHLÄNGE

Die Stichlänge entscheidet darüber, wieviel Stoff zwischen jedem einzelnen Stich transportiert wird. Je größer die Zahl, desto mehr Stoff liegt zwischen den einzelnen Stichen.

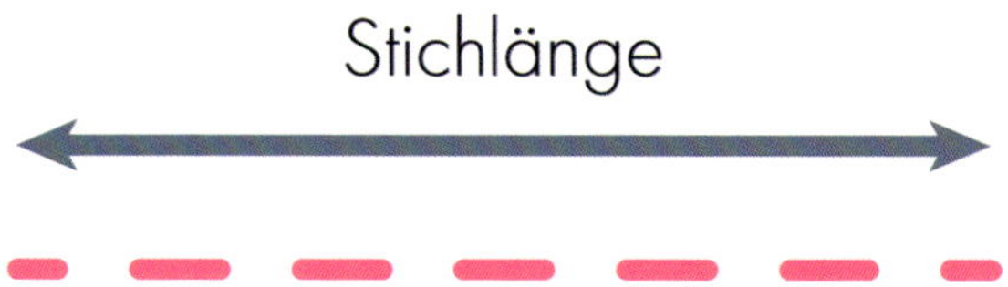

FADENSPANNUNG

Die Fadenspannung regelt das Zusammenspiel von Ober- und Unterfaden. In der Regel wird das Stichbild ausschließlich über die Fadenspannung des Oberfadens geregelt. Ein gutes Stichbild liegt vor, wenn oben nur der Oberfaden und unten nur der Unterfaden zu sehen sind.

Ist der Oberfaden zu locker, wird er auf die Unterseite gezogen und wird dort sichtbar. Ist er zu fest, zieht er den Unterfaden zu stark nach oben.

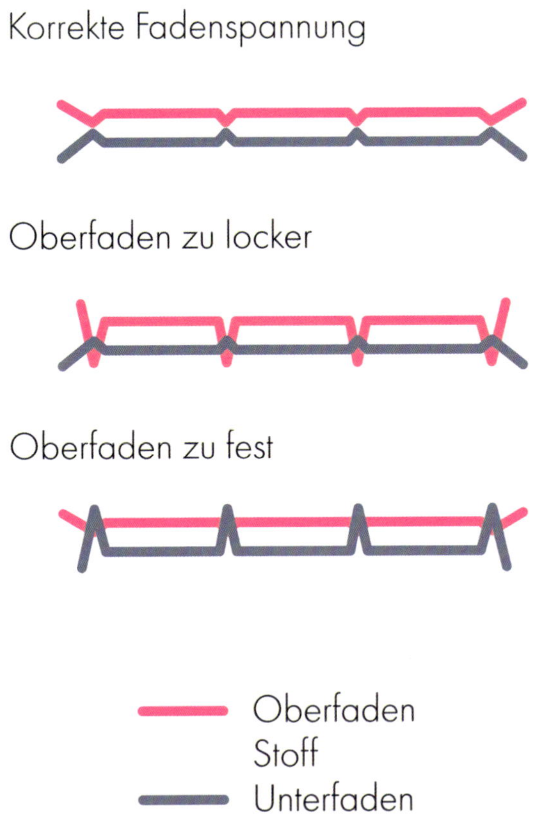

NÄHFUSS

Neben dem ganz normalen Nähfuß (Steppfüßchen) gibt noch es noch eine Vielzahl anderer Füße, die alle eine unterschiedliche Funktion haben. Für die Schnittmuster in diesem Buch brauchst du nur das Standardfüßchen.

STOFFE VERSÄUBERN

Wenn du Kleidung aus Webware nähst, dann solltest du die Stoffkanten vor dem Zusammennähen versäubern. Dadurch werden sie gegen Ausfransen geschützt. Stoffe, die gewirkt oder gestrickt sind, muss man nicht versäubern.

VERSÄUBERN MIT DEM ZICKZACKSTICH

Am einfachsten kannst du mit einem normalen Zickzackstich versäubern. Dabei wird der Stoff nicht komplett unter den Nähfuß gelegt, sondern so, dass die Nadel, wenn sie rechts einsticht, neben der Stoffkante ins Leere sticht. Der Zickzackstich fasst somit die Stoffkante ein. Die Stichlänge sollte nicht zu kurz sein und die Stichbreite eine mittlere Breite haben. Teste an einem Reststück aus, welches die beste Einstellung für den jeweiligen Stoff ist.

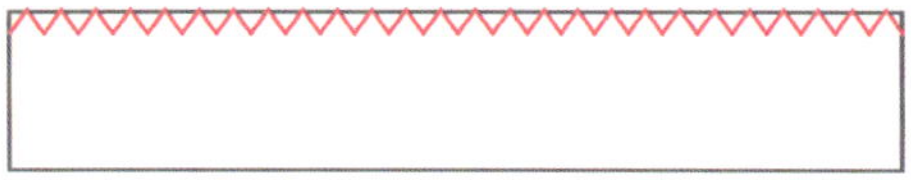

Merke: Je grober der Stoff, desto breiter der Stich.

Durch die Fadenspannung kann es passieren, dass sich die Stoffkante hinter dem Nähfuß zusammenzieht und nicht mehr schön glatt liegt. Das ist ganz normal. Diesen Effekt kannst du verhindern, indem du für das Versäubern einen Blindstichfuß nutzt.

VERSÄUBERN MIT DEM BLINDSTICH

Damit sich der Stoff beim Versäubern nicht hinter dem Nähfuß zusammenzieht, kannst du den Blindstich und das dazugehörige Füßchen wählen. Durch einen kleinen Steg in der Mitte wird der Oberfaden auf Spannung gehalten und zieht die Stoffkante nicht zusammen.

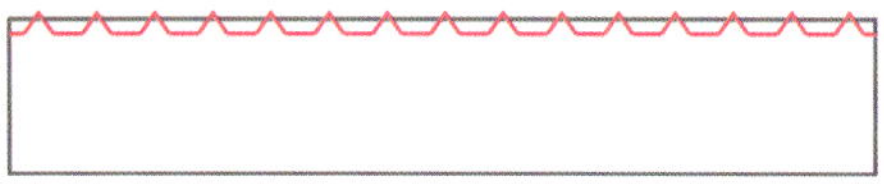

VERSÄUBERN MIT DEM OVERLOCKSTICH DER NÄHMASCHINE

Je nach Nähmaschine gibt es auch noch andere Nähfüße, die sich für das Versäubern von Stoffkanten eignen. Moderne Haushaltsnähmaschinen haben einen Overlockstich. Dieser ist vergleichbar mit dem Stich einer echten Overlock und wird mit einem Overlock- oder Überwendlingfuß genäht. Auch hier hält eine Vorrichtung in der Mitte des Fußes das Garn wieder auf Spannung, damit der Stoff nicht zusammengezogen wird.

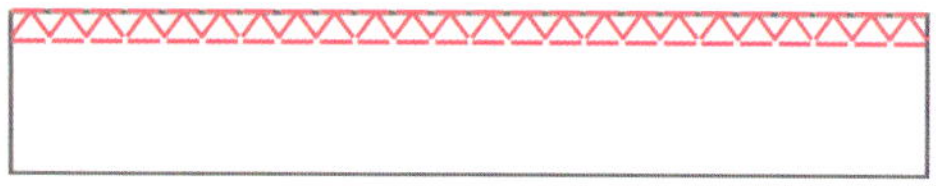

VERSÄUBERN MIT DER OVERLOCKMASCHINE

Zum reinen Versäubern von Webware reicht es, wenn du nur die linke Nadel nutzt. Dadurch sparst du zum einen Garn, zum anderen ist die Naht insgesamt auch etwas flacher. So kann sie sich insbesondere bei feinen Stoffen nicht so schnell durchdrücken und abzeichnen.

STECKEN

Damit später unter dem Nähfuß nichts verrutscht, müssen die Schnittteile gut gesteckt werden.

Die einzelnen Schnittteile werden rechts auf rechts so aufeinandergelegt, dass die Stoffkanten bündig aufeinanderliegen.

Fange immer am Anfang und am Ende der Strecke an, die Stoffe aufeinanderzulegen. Danach werden die Knipse übereinandergelegt und fixiert. Und zum Schluss dann die Stoffe dazwischen gleichmäßig verteilen.

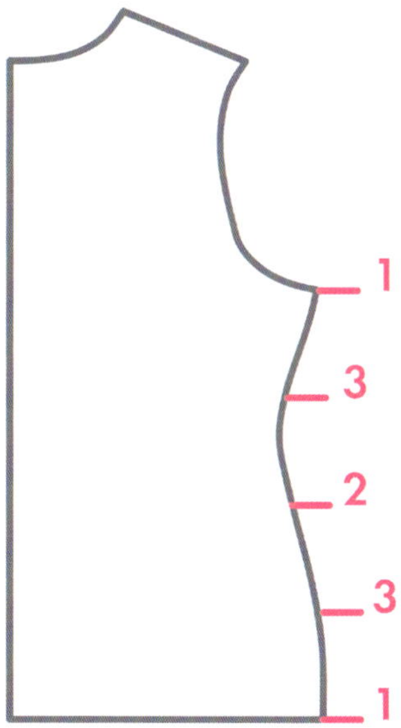

Zum Stecken kannst du Nähklammern oder Stecknadeln nutzen.

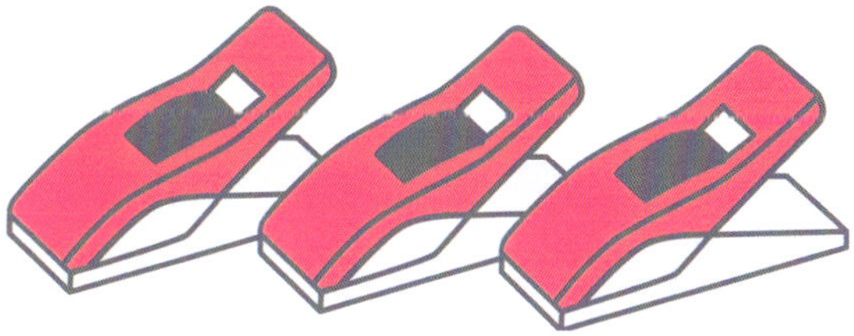

Wenn du Nadeln nutzt, dann am besten immer quer zur Kante stecken. Dann verrutschen die Stoffstücke später nicht unter der Nadel. Außerdem kannst du dann vorsichtig über sie drübernähen. Und bei sich rollenden Kanten wird durch das Stecken quer zur Kante der Stoff gerade gehalten und kann sich nicht einrollen.

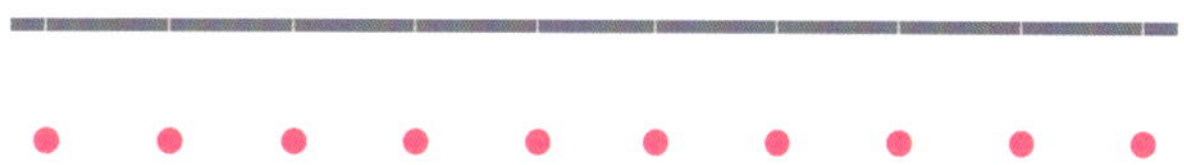

STICHARTEN

Damit die Nähte später lange halten, muss immer der passende Stich zum Material gewählt werden.

GERADSTICH

Webware wird in der Regel mit einem ganz normalen Geradstich genäht. Die Stichlänge beträgt hierbei etwa 2,5–3.

DEHNBARE STICHE

Wenn du gern mit dehnbaren Stoffen wie Jersey, Sweat oder Strickstoffen arbeitest, solltest du nicht mit einem normalen Geradstich nähen, sondern mit einem elastischen Stich. DENN: Bei Dehnung des Stoffes reißt diese Naht sehr schnell, weil sie sich nicht mitdehnt. Aber was genau ist ein elastischer Stich an der Nähmaschine?

1. ZICKZACKSTICH

Dieser Klassiker ist in jedem Fall an jeder Haushaltsnähmaschine zu finden: der Zickzackstich. Verriegle einfach die Naht und lasse die Stoffkante dann entsprechend der Nahtzugabe am Nähfüßchen entlanglaufen. Teste vorher an einem Stück Reststoff, welche Einstellungen für diesen Stich am besten sind.

Stichlänge

Die Stichlänge sollte bei ca. 2 liegen. Ist die Stichlänge zu kurz, kann sich der Stoff verformen und Wellen entstehen. Ist die Stichlänge zu groß, ist das Nahtbild von außen später nicht so schön, weil die Zwischenräume der Stiche wie kleine Löcher aussehen.

Stichbreite

Die Stichbreite entscheidet, wie breit die Zickzacknaht wird. Diese sollte nicht zu breit eingestellt werden, da sich die Naht sonst später zu stark durchdrücken kann. Eine Stichbreite von 2–3 ist ein guter Ausgang zum Testen.

2. DREIFACH-GERADSTICH

Wenn du eine elastische Naht haben möchtest, die aber wie ein Geradstich aussieht, z. B. zum Absteppen des Halsausschnittes, dann wähle den Dreifach-Geradstich. Wähle hierfür eine nicht zu kleine Stichlänge aus, damit der Stoff nicht zu stark beansprucht wird.

Aber Achtung: Dadurch, dass der Stich immer 2 vor und 1 zurückgeht, die gleiche Stelle also 3 x genäht wird, lässt sich diese Naht nur sehr schwer bis gar nicht auftrennen.

3. OVERLOCKSTICH

Am besten lassen sich elastische Stoffe mit einer Overlock-Maschine nähen. Einen ähnlichen Stich gibt es auch an der Nähmaschine: den (Fake-)Overlockstich. Dabei geht die Naht über die Stoffkante und versäubert sie gleichzeitig.

Hilfreich für den Overlockstich ist ein spezielles Nähfüßchen, damit sich die Stoffkante beim Nähen nicht zusammenzieht.

4. TRIKOTSTICH

Auch der sogenannte Trikotstich kann bei sehr elastischen Stoffen genutzt werden, wie z. B. beim Nähen von Lycra.

Hier kannst du entweder mit dem Spezialnähfuß nähen oder etwas Abstand von der Kante lassen und die überstehende Nahtzugabe später zurückschneiden.

5. GERADSTICH MIT FLEXIBLEM GARN

Mittlerweile gibt es auch dehnbares Garn. Damit kann man auch bei dehnbaren Stoffen einen ganz normalen Geradstich nutzen, ohne dass die Naht später bei Dehnung reißt.

6. ZWILLINGSNADEL

Zum Säumen oder auch zum Absteppen des Halsbündchens kannst du eine Zwillingsnadel nutzen. Diese Nadel gibt es in verschiedenen Breiten. Bei der Nutzung wird die Fadenspannung des Oberfadens möglichst hoch eingestellt, damit sich der Faden unten zu einer Art Zickzackstich zieht. Dadurch wird die Naht dehnbar.

Um das Abbrechen der Nadel zu verhindern, nie rückwärts und immer langsam nähen.

Am Anfang und Ende die Fäden deutlich länger lassen und nicht verriegeln. Nachdem die Naht genäht wurde, den Saum oder das Bündchen vorsichtig dehnen. Dabei zieht sich das Garn am Anfang und Ende etwas in die Naht. Dadurch bleibt die Naht flexibel. Die dann noch überstehenden Enden gut miteinander verknoten und mit einer Fang- oder Sticknadel in die Naht ziehen.

GERADE NÄHTE

Insbesondere Nähanfänger*innen stehen am Anfang ihrer Karriere vor der großen Frage: Wie nähe ich eine gerade Naht?

DIE BLICKRICHTUNG VORNE RECHTS AUF DEN NÄHFUSS

Während des Nähens ist es sehr verlockend, auf die Nadel zu gucken, um zu kontrollieren, ob sie auch näht und der Stoff ordentlich transportiert wird. Aber das ist ein großes Problem. Denn wenn dir der Stoff verrutschen sollte, dann siehst du es erst an der Naht, wenn es also schon zu spät ist.

Richte deinen Blick deswegen vorne auf die rechte Spitze des Nähfußes. Dort wird außen die Stoffkante entlanggeführt. Wenn Stoffkante und Nähfuß eine Einheit sind, bleibst du immer gerade. Verrutscht es, kannst du rechtzeitig korrigieren.

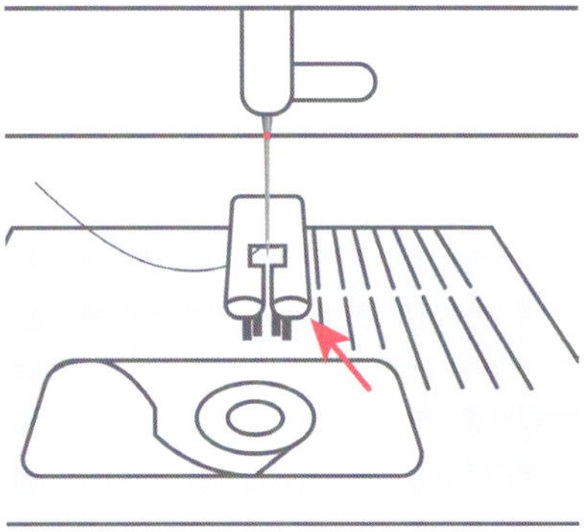

DIE NADELPOSITION ANPASSEN

In der Regel haben die Schnittteile eine Nahtzugabe von 0,75 cm–1 cm. Dies entspricht auch in etwa dem Abstand der Nadel zur rechten Nähfußkante. Wenn du wenige Millimeter schmaler oder breiter nähen möchtest, dann reguliere das über die Nadelposition, nicht über den Abstand, mit dem du den Stoff unter den Nähfuß führst. So kannst du dich immer noch an der vorderen rechten Spitze deines Nähfußes orientieren und der Stoff wird gleichmäßig transportiert.

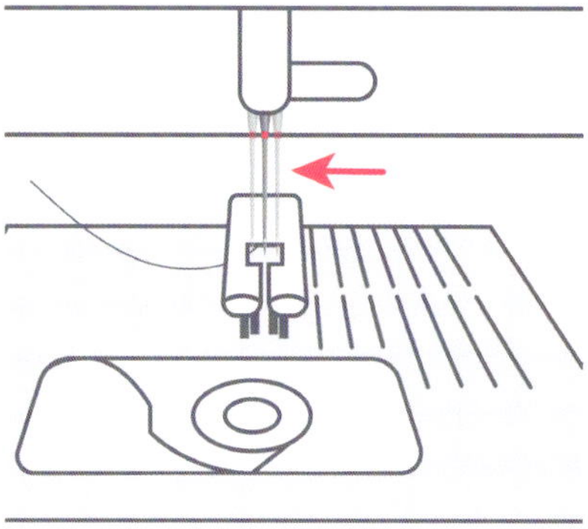

KLEBEBAND FÜR MEHR ALS 1,5 CM ABSTAND

Wenn man Abstände mehr als nähfüßchenbreit haben möchte, ist es mit den Markierungen auf der Stichplatte immer ein bisschen schwierig. Manchmal sind die einfach nicht so deutlich zu erkennen.

Deswegen klebe dir einen Streifen Klebeband im entsprechenden Abstand auf die Stichplatte. Daran kannst du dann die Stoffkante ganz bequem entlangführen und hast so zur Nadel immer den gleichen Abstand.

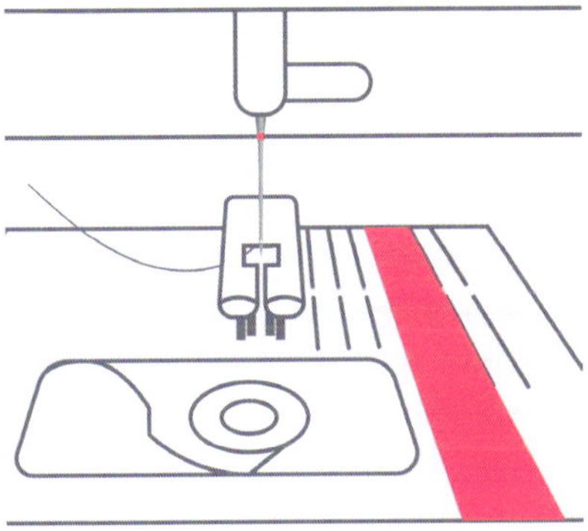

DIE SAUMFÜHRUNG ANBRINGEN

Je nach Klebeband kann es passieren, dass Kleberückstände auf der Stichplatte zurückbleiben. Hier kannst du als Hilfsmittel für einen immer gleichen Abstand auch einen Magnet anbringen. Diesen kann man ganz bequem auf der metallenen Stichplatte aufklippen. Er ist relativ stark, sodass er beim Nähen dann auch nicht verrutscht.

Alternativ zum Magneten kannst du auch eine Saum- oder Stichführung anbringen. Diese funktioniert mit einer Klebeoberfläche, die aber keine Rückstände hinterlässt.

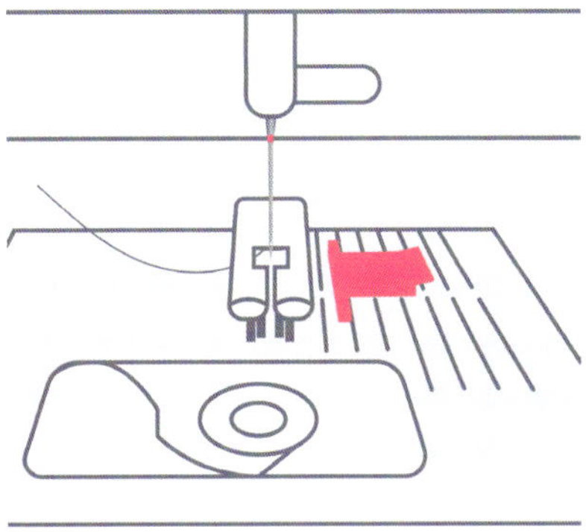

DAS KANTENLINEAL IN DEN NÄHFUSS EINFÜHREN

Hast du dich schon einmal gefragt, wofür dein normaler Nähfuß hinten ein Loch hat? Dort kann man das sogenannte Kantenlineal einführen. Das Kantenlineal ist in der Regel bei dem Nähzubehör einer Nähmaschine mit dabei.

Schiebe das Kantenlineal soweit durch die Öffnung des Nähfußes, bis du den Abstand gefunden hast, mit dem du gerne nähen möchtest. Führe dann die Stoffkante bequem an diesem Kantenlineal entlang.

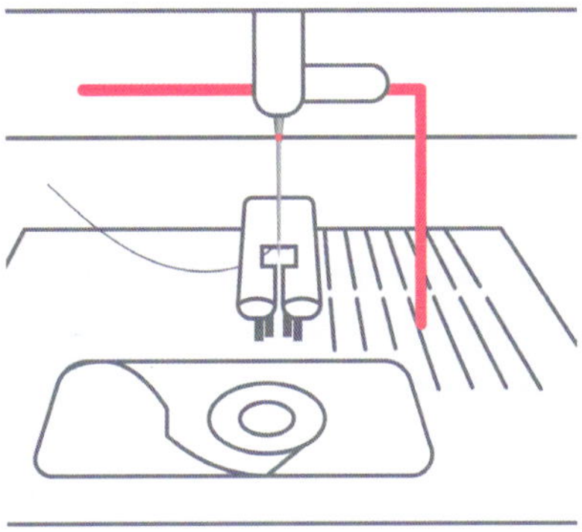

WELLENBILDUNG

Je nach Material kann es schnell passieren, dass sich die Naht stark wellt. Eine minimale Wellenbildung ist nicht schlimm und kann wieder glatt gebügelt werden. Hier kommen ein paar Tipps, wie du diese Wellenbildung verhindern kannst und die Naht glatt bleibt:

STOFF LOCKER HALTEN

Gerade als Nähanfänger*in hält man den Stoff zu sehr fest und dehnt ihn dadurch vor dem Nähfuß. Versuche, den Stoff locker zu halten und von der Maschine transportieren zu lassen. Du musst den Stoff auch nicht von hinten ziehen.

STICHLÄNGE ANPASSEN

Ist die Stichlänge zu kurz gewählt, hat die Maschine Schwierigkeiten, den Stoff passend zu den engen Stichen zu transportieren. Dadurch wird der Stoff unter dem Nähfuß gedehnt. Probiere an einem Stück Reststoff aus, welche Einstellungen am besten für dein Projekt sind.

NÄHFUSSDRUCK VERRINGERN

Wenn der Nähfuß von oben zu stark auf den Stoff drückt, „bremst" er den Transport und der Stoff wird unter dem Nähfuß gedehnt. Hier hilft es, den Nähfußdruck etwas zu verringern.

OBERTRANSPORTFUSS

Ein tolles Zubehör ist der Obertransportfuß. Ist er eingesetzt, wird der Stoff nicht nur von unten transportiert, sondern auch von oben. Dadurch wird er insgesamt gleichmäßiger unter dem Nähfuß geführt und kann nicht ausdehnen.

NAHTBAND

An allen Stoffkanten, die sich ausdehnen können (Rundungen, Schrägen, Teilungsnähte) kann das Aufbügeln eines Nahtbandes die Wellenbildung verhindern.

STOFFFRESSEN

Bei sehr feinen oder sehr dehnbaren Stoffen kann es immer mal wieder passieren, dass der Stoff am Anfang (oder auch am Ende) „gefressen" wird. Dabei wird die Stoffkante durch die Fadenspannung in die Nähmaschine gezogen und verknotet sich unter der Stichplatte.

Damit das nicht passiert, sollte das Loch in der Stichplatte immer vollständig von Stoff bedeckt sein. Die Stoffkante am Anfang dabei 1cm weiter nach hinten schieben und mit dem Rückwärtsgang starten. Am Ende mit der Verriegelung etwa 1cm vor der Stoffkante beginnen. So kann der Stoff nicht durch das Loch gezogen werden.

SÄUMEN

An Kleidung aus Jersey kann man den Saum auf verschiedene Arten nähen. Wichtig ist, dass die Naht dehnbar ist, da gerade die Säume beim An- und Ausziehen stark gedehnt werden.

Beim Säumen wird die Stoffkante 2–3 cm nach innen eingeklappt und festgenäht. Hierfür eignen sich verschiedene Methoden:

ZICKZACKSTICH

Dieser sollte nicht zu kurz in der Stichlänge sein, damit sich die Saumnaht nicht zu sehr beim Nähen dehnt und dadurch Wellen bildet.

DEHNBARER ZIERSTICH

Erlaubt ist, was gefällt (und dehnbar ist).

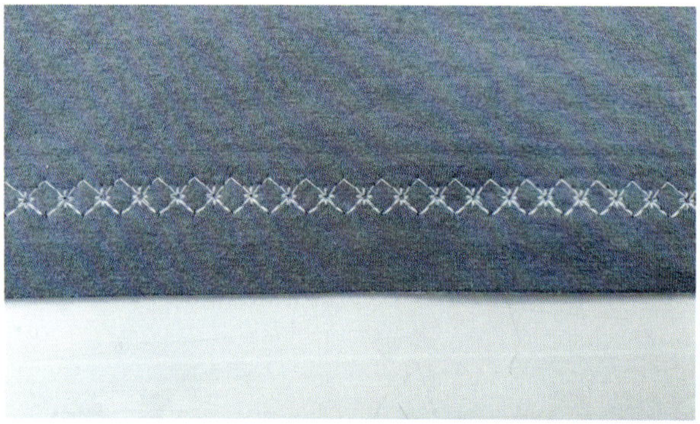

DREIFACH-GERADSTICH

Der Dreifach-Geradstich sieht aus wie ein normaler Geradstich, ist aber dehnbar.

ZWILLINGSNADEL

Beim Nähen mit der Zwillingsnadel ist es wichtig, die richtige Fadenspannung des Oberfadens einzustellen. Die Spannung muss hoch sein, damit der Unterfaden zu dem typischen Zickzackmuster gespannt wird. Nur dann ist die Zwillingsnaht auch dehnbar genug. Beim Nähen immer darauf achten, dass beide Nadeln immer in zwei Lagen Stoff stechen. Andernfalls kann es passieren, dass die Naht nicht gleichmäßig wird und sich zusammenzieht.

OVERLOCK

Die Overlock kann zwar keinen klassischen Saum nähen. Aber es lässt sich damit ein Fakebündchen nähen, das aussieht, als sei am Saum extra noch ein Bündchen angenäht worden. Ein Fakebündchen lässt sich gut an Ärmeln nähen oder auch unten am Saum eines Oberteils.

COVERLOCK

Beim Nähen mit der Coverlock immer darauf achten, dass mit allen Nadeln auf beiden Stofflagen genäht wird. Andernfalls kann es passieren, dass die Fäden reißen.

„Same same but different“

BASIC-OUTFIT

BASIC-SHIRT

Hier downloaden
https://www.emf-verlag.de/buecher/handarbeiten/
naehen/keine-angst-vor-klamotte-basic-outfit-naehen-
von-anna-einfach-naehen/978-3-7459-1885-4

MASSTABELLEN

Das Basic-Shirt ist ein leicht tailliertes, körpernah geschnittenes Shirt. Egal ob T-Shirt oder langärmeliges Longsleeve, mit Rundhals- oder V-Ausschnitt, mit dem Schnitt kannst du dir viele tolle Teile nähen, die sich zu jeder Jahreszeit tragen lassen.

KÖRPERMASSTABELLE

Körpermaße	34	36	38	40	42	44	46	48	50	52	54	56	58
Oberbrustumfang	82	85	88	92	96	100	106	112	118	124	130	138	146
Brustumfang α	84	87	90	94	98	102	108	114	120	126	132	140	148
Brustumfang β	89	92	95	99	103	107	113	119	125	131	137	145	153
Brustumfang γ	94	97	100	104	108	112	118	124	130	136	142	150	158
Taillenumfang	66	69	72	76	80	84	91	97	104	110	117	125	134
Hüftumfang	91	94	97	101	105	109	115	120	126	131	137	144	151

FERTIGMASSTABELLE

Fertigmaße	34	36	38	40	42	44	46	48	50	52	54	56	58
Brustweite α	82	86	89	93	97	102	108	114	120	127	133	141	150
Brustweite β	87	91	94	98	102	107	113	119	125	132	138	146	155
Brustweite γ	92	96	99	103	107	112	118	124	130	137	142	141	160
Taillenweite	83	86	89	93	97	100	107	114	120	127	134	142	151
Hüftweite	93	96	99	104	108	112	118	124	130	135	141	148	156

STOFFEMPFEHLUNG

Für das Basic-Shirt eignen sich dehnbare Stoffe wie Jersey oder dünnere Strickstoffe.

Stoffverbrauch	34	36	38	40	42	44	46	48	50	52	54	56	58
Stoffbreite 140 cm	1,5m	1,5m	1,5m	1,5m	1,5m	1,5m	1,5m	1,5m	1,5m	2m	2m	2m	2m

ZUSCHNITT

Konfektionsgröße 34 – 50
(Stoffverbrauch 150 cm)

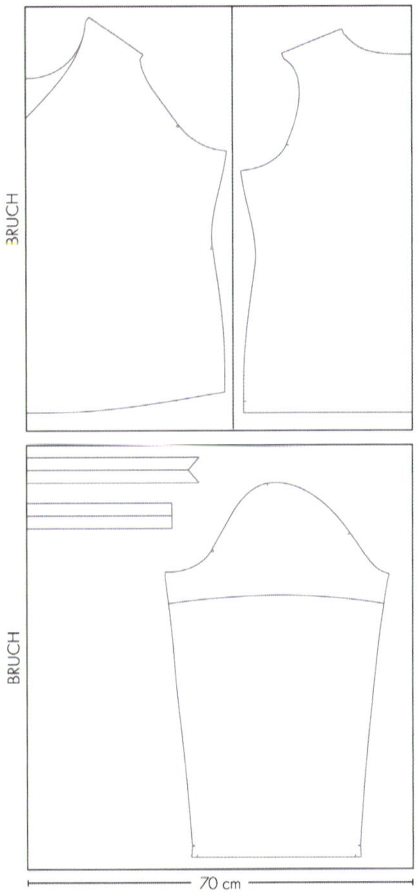

Konfektionsgröße 52 – 58
(Stoffverbrauch 200 cm)

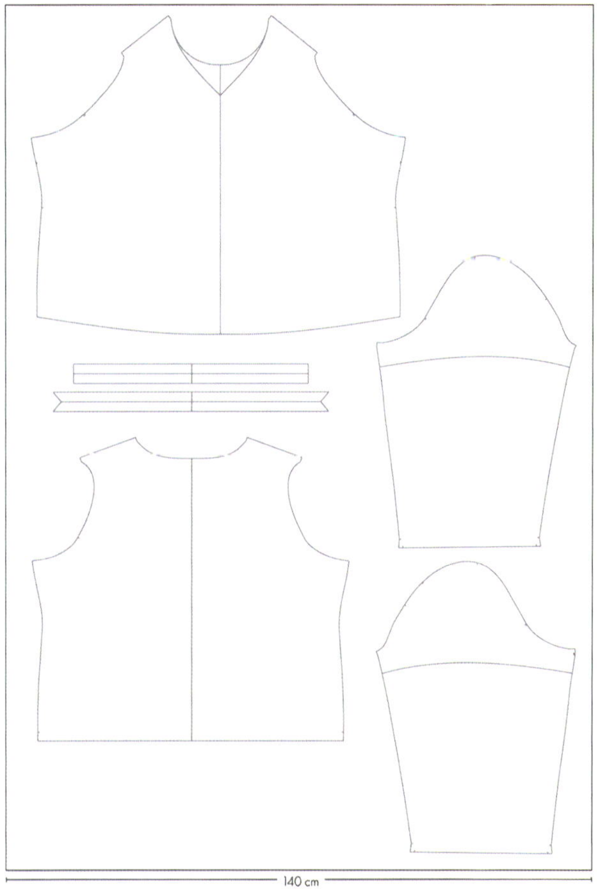

HINWEIS

Um für das Basic-Shirt in den Größen 52–58 nicht mehr Stoff als nötig zu verbrauchen, solltest du die einzelnen Schnittteile im Ganzen zuschneiden (siehe Abbildungen). Ansonsten wirst du vermutlich mehr Stoff benötigen, als in der Tabelle zum Stoffverbrauch angegeben. Wenn du einen Motivstoff gewählt hast, erhöht sich der Stoffverbrauch ebenfalls.

NÄHANLEITUNG

1. SCHULTERNÄHTE SCHLIESSEN

Lege Vorder- und Rückteil rechts auf rechts aufeinander, fixiere die Schulterkanten und nähe sie zusammen.

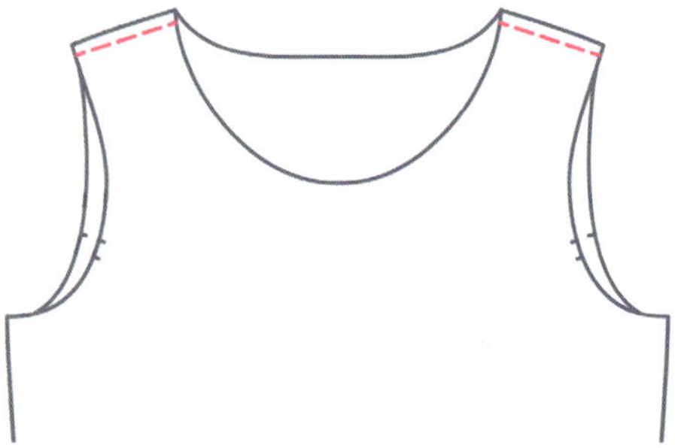

2. ÄRMEL ANNÄHEN

Klappe Vorder- und Rückteil auseinander und stecke die Ärmel rechts auf rechts an den passenden Armausschnitt. Orientiere dich dabei an den Knipsen **(A)** und nähe beide Ärmel an das Oberteil an **(B)**.

(A)

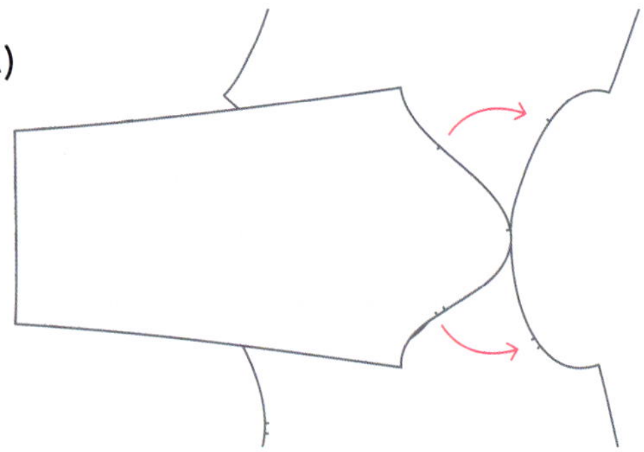

(B)

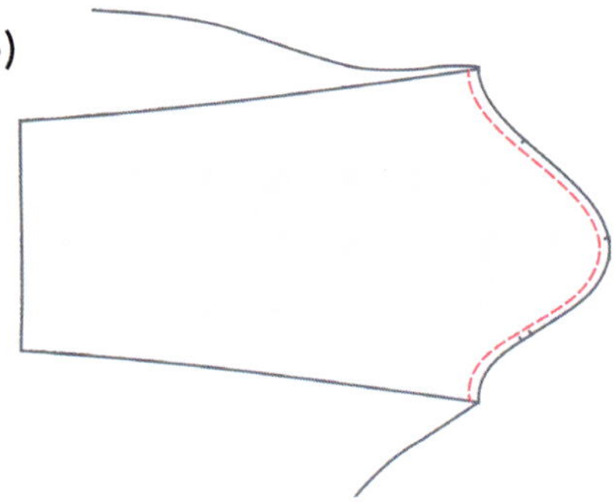

3. SEITENNÄHTE SCHLIESSEN

Lege das Vorderteil rechts auf rechts auf das Rückteil und stecke die Ärmel und Seitennähte, beginnend an der Achselnaht und von dort erst Richtung Ärmelbund und anschließend Richtung Bauchbund, fest und nähe die Seitennaht in einem Rutsch zusammen.

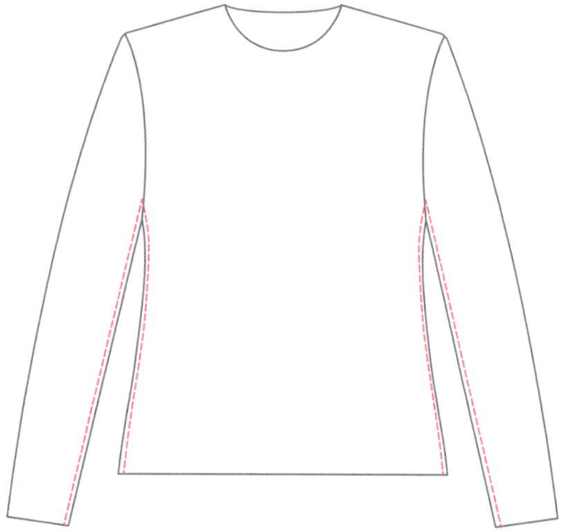

4A. RUNDHALSBÜNDCHEN NÄHEN

4.1. Nähe die kurzen Seiten rechts auf rechts zusammen **(A)** und falte den so entstandenen Ring anschließend der Länge nach links auf links **(B)**.

(A)

(B)

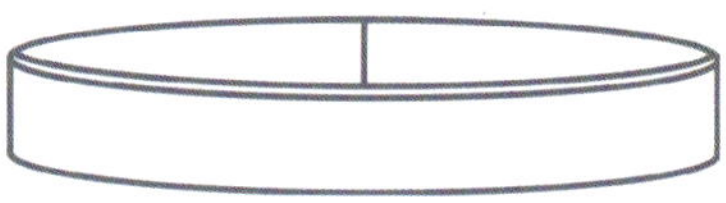

4.2. Teile das Halsbündchen und den Ausschnitt in Viertel. Achtung: Am Ausschnitt sind das nicht die Schulternähte!

(A)

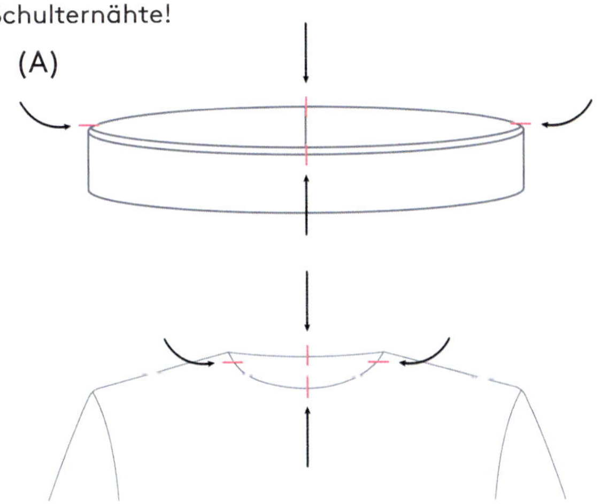

Stecke beides anhand der Markierungen rechts auf rechts aneinander und nähe das Halsbündchen gleichmäßig gedehnt an den Ausschnitt **(B)**.

(B)

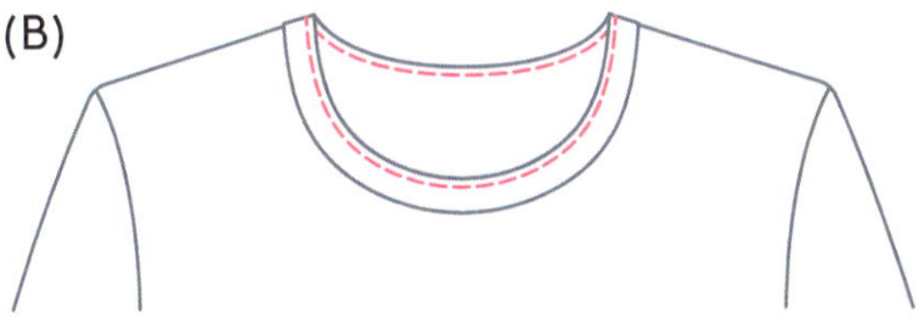

Steppe die Nahtzugabe am Halsloch dann knappkantig ab.

(C)

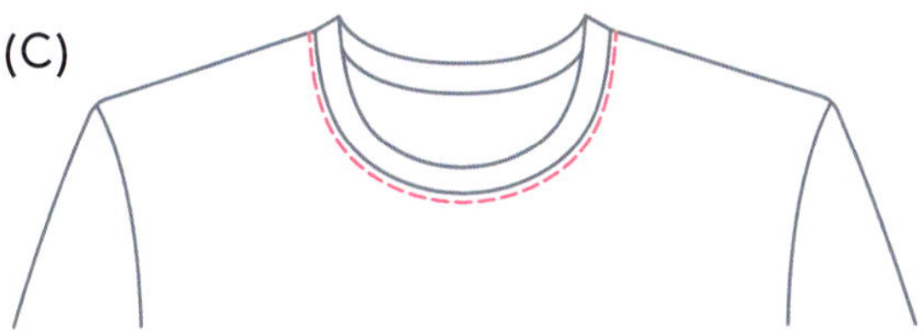

4B. V-AUSSCHNITT-BÜNDCHEN NÄHEN

4.1. Nähe den Schwalbenschwanz der kurzen Seiten rechts auf rechts zusammen, schneide die Nahtzugabe in der Spitze ein und falte den so entstandenen Ring anschließend der Länge nach links auf links.

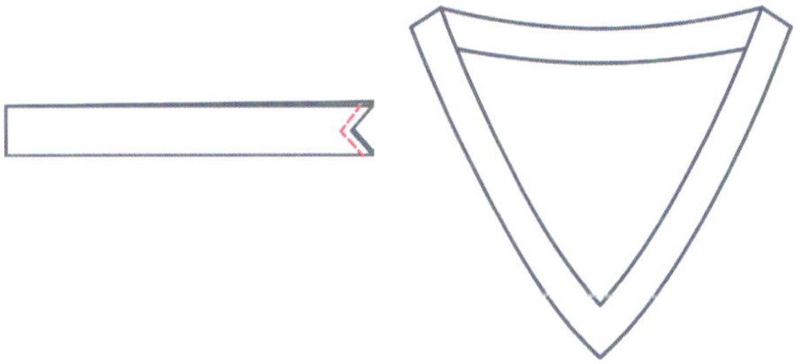

4.2. Zeichne die Nahtzugaben an der Spitze des Vorderteils ein und fixiere das Bündchen so am Ausschnitt, dass die Naht des Vs genau auf die eingezeichnete Nahtzugabe trifft. Nähe die ersten 5 cm vor der Spitze mit der Nähmaschine fest und ende genau am markierten Punkt.

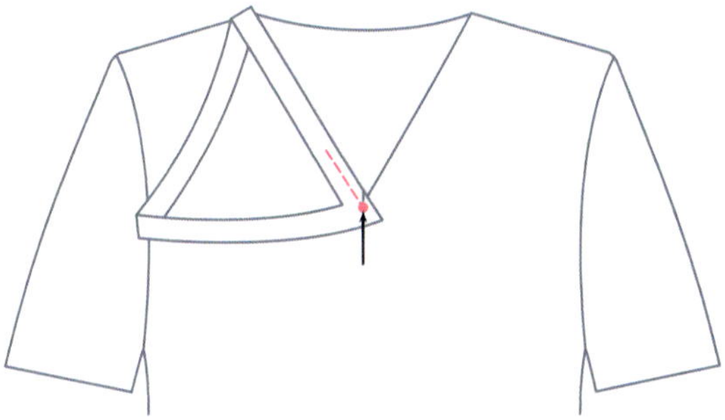

4.3. Lasse die Nadel im Stoff stecken, hebe den Nähfuß und schneide die Nahtzugabe der Spitze des Vorderteils bis zur Naht ein. Drehe das Bündchen und lege es bündig an die andere Kante. Nähe es auch hier ca. 5 cm fest.

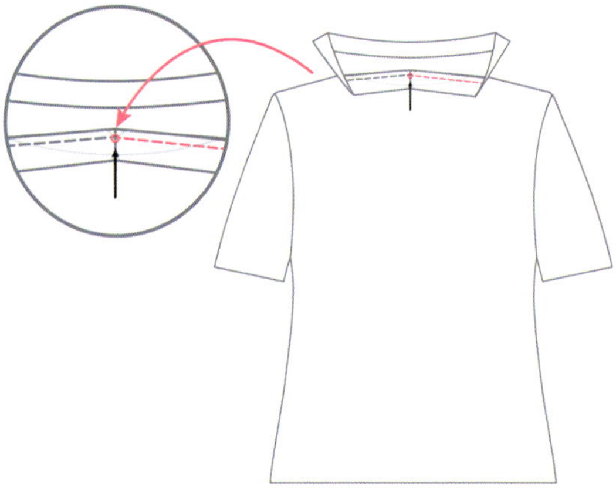

4.4. Nähe das Bündchen über die restliche Strecke an den geraden Seiten ohne Dehnung, über den Nacken und an den Schultern leicht gedehnt an und steppe es anschließend optional von rechts ab.

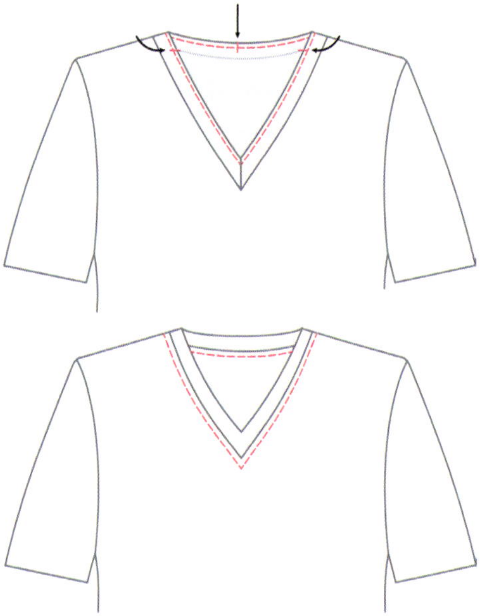

5. SÄUME NÄHEN

Schlage sowohl die Ärmel als auch den Saumbund 3 cm nach innen ein und nähe sie im Abstand von 2 cm von rechts fest.

Hier Nähvideo zum Basic-Shirt anschauen

DESIGNBEISPIELE

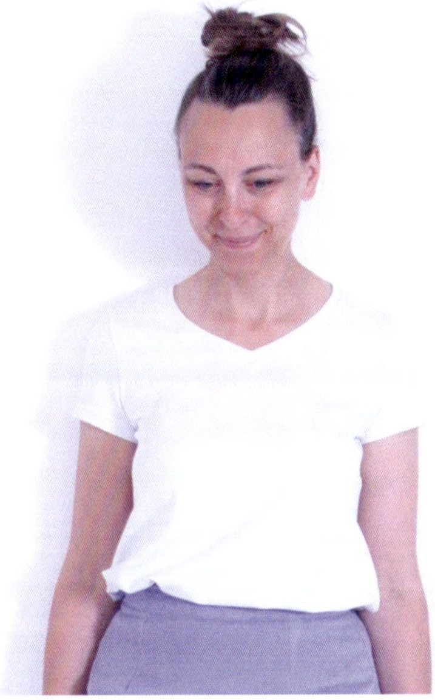

SWEATSHIRT

Hier downloaden

https://www.emf-verlag.de/buecher/handarbeiten/naehen/keine-angst-vor-klamotte-basic-outfit-naehen-von-anna-einfach-naehen/978-3-7459-1885-4

MASSTABELLEN

Das Sweatshirt ist leicht tailliert geschnitten, der Ausschnitt liegt halsnah und Ärmel sowie Saum bekommen Bündchen. Mit der Kapuze kannst du es zum Hoodie umwandeln und optional auch eine Kängurutasche aufnähen.

KÖRPERMASSTABELLE

Körpermaße	34	36	38	40	42	44	46	48	50	52	54	56	58
Oberbrustumfang	82	85	88	92	96	100	106	112	118	124	130	138	146
Brustumfang α	84	87	90	94	98	102	108	114	120	126	132	140	148
Brustumfang β	89	92	95	99	103	107	113	119	125	131	137	145	153
Brustumfang γ	94	97	100	104	108	112	118	124	130	136	142	150	158
Taillenumfang	66	69	72	76	80	84	91	97	104	110	117	125	134
Hüftumfang	91	94	97	101	105	109	115	120	126	131	137	144	151

FERTIGMASSTABELLE

Fertigmaße	34	36	38	40	42	44	46	48	50	52	54	56	58
Brustweite α	92	95	98	102	106	110	116	122	128	134	140	148	156
Brustweite β	97	100	103	107	111	115	121	127	133	139	145	153	161
Brustweite γ	102	105	108	112	116	120	126	132	138	144	150	158	166
Taillenweite	86	89	92	96	100	104	110	117	123	130	136	145	153
Hüftweite	101	104	107	111	115	119	124	130	137	141	146	154	160

STOFFEMPFEHLUNG

Für das Sweatshirt eignen sich dehnbare Sweatstoffe wie Sommersweat, French Terry oder Strickstoffe.

Stoffverbrauch	34	36	38	40	42	44	46	48	50	52	54	56	58
Stoffbreite 140 cm	2 m	2 m	2 m	2 m	2,5 m	2,5 m	2,5 m	2,5 m	2,5 m	3 m	3 m	3 m	3 m

ZUSCHNITT

Konfektionsgröße 34–40
(Stoffverbrauch 200 cm)

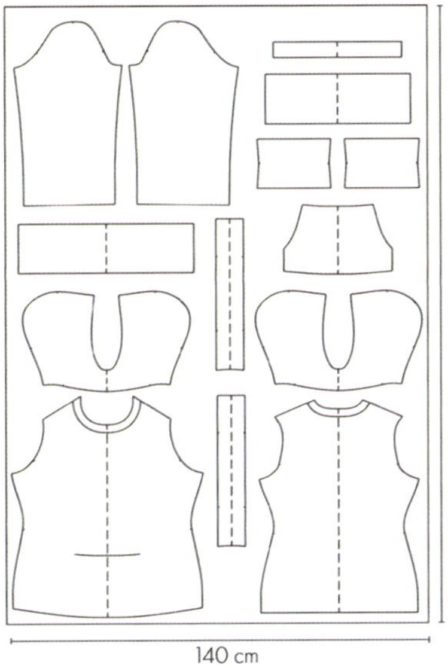

Konfektionsgröße 42–50
(Stoffverbrauch 250 cm)

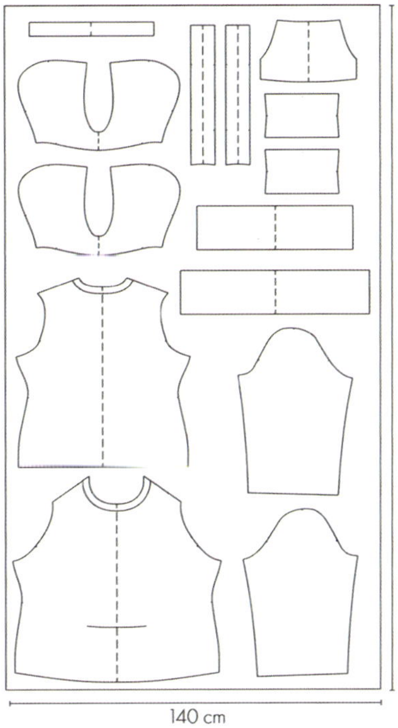

Konfektionsgröße 52–58
(Stoffverbrauch 300 cm)

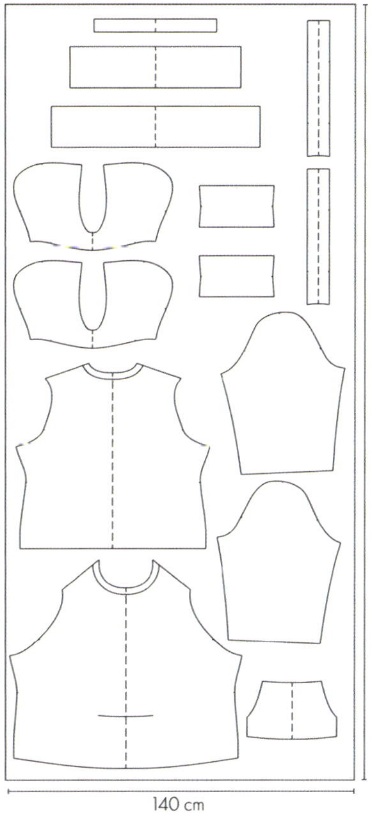

HINWEIS

Um für das Sweatshirt nicht mehr Stoff als nötig zu verbrauchen, solltest du die einzelnen Schnittteile im Ganzen zuschneiden (siehe Abbildungen). Schneidest du die Schnittteile im Stoffbruch zu, wirst du, je nach Größe, vermutlich mehr Stoff benötigen, als in der Tabelle zum Stoffverbrauch angegeben ist.
Wenn du einen gemusterten Stoff gewählt hast, erhöht sich der Stoffverbrauch ebenfalls.

NÄHANLEITUNG

1. BAUCHTASCHE NÄHEN

1.1. Versäubere die Tascheneingriffe mit einem Streifen, indem du diesen zuerst links auf links zur Hälfte zusammenfaltest **(A)**. Lege den Streifen rechts auf rechts auf den Tascheneingriff und nähe ihn gedehnt so an, dass er an beiden Enden jeweils 1 cm übersteht **(B)**. Klappe ihn danach nach außen, schneide die Überstände ab und steppe die Nahtzugabe fest **(C)**.

(A)

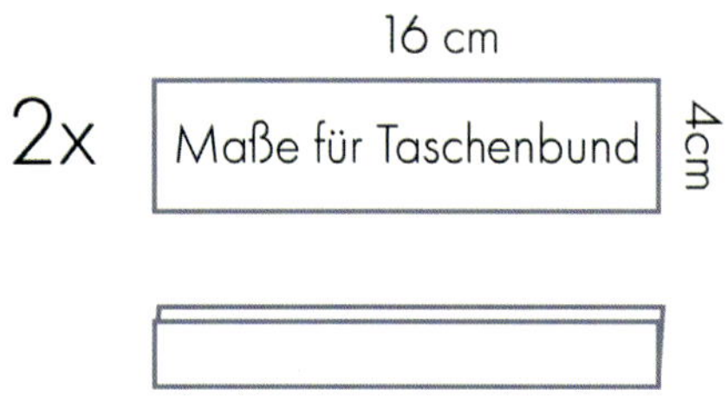

(B)

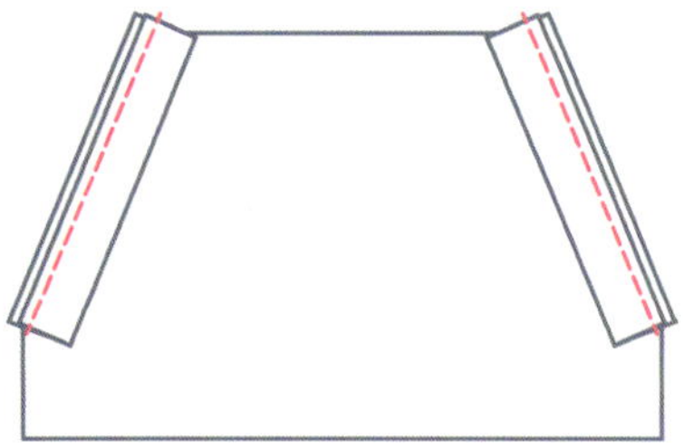

(C)

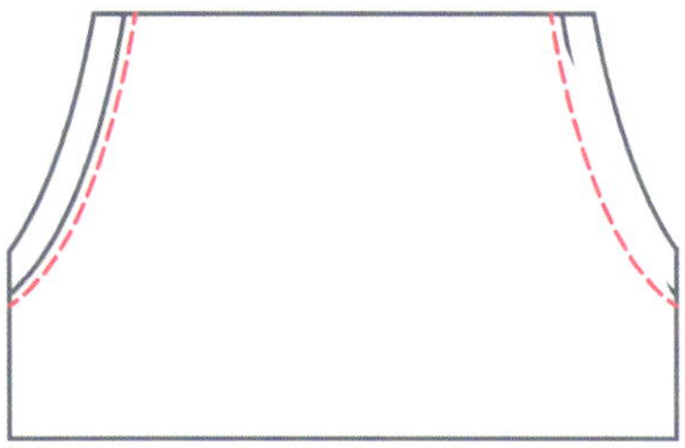

1.2. Lege die Tasche hochgeklappt rechts auf rechts oberhalb der Markierung auf das Vorderteil und nähe die Tasche an **(A)**. Klappe dann die Tasche nach unten, schlage die Kanten unterhalb des Eingriffs 1 cm nach innen und nähe die beiden Seiten der Tasche von rechts fest. Steppe auch oben am Tascheneingriff ca. 2 cm als Sicherheitsnaht ab **(B)**. Die untere Kante wird später zusammen mit dem Bündchen geschlossen.

(A)

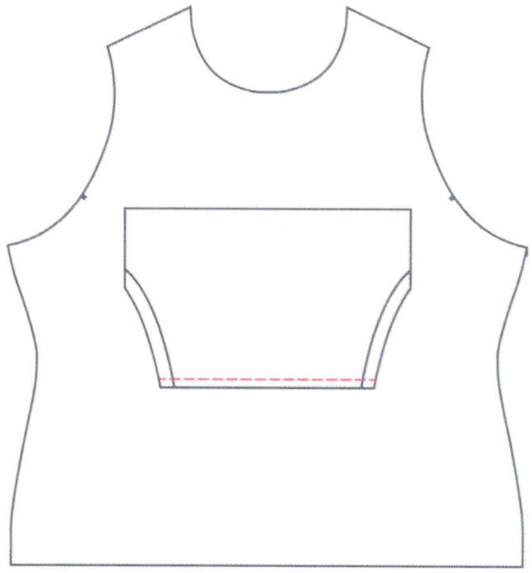

(B)

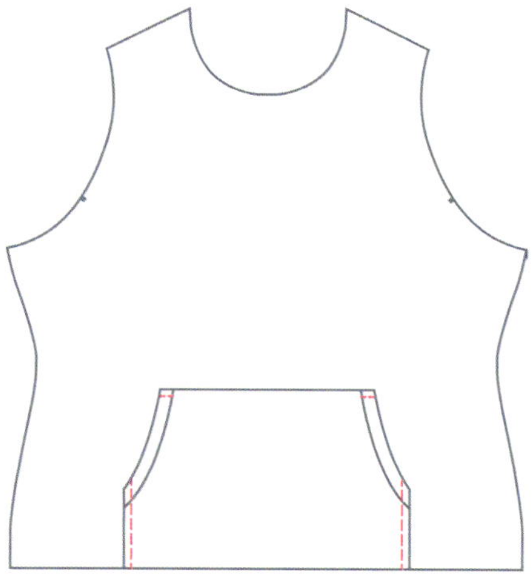

2. SCHULTERNÄHTE SCHLIESSEN

Lege Vorder- und Rückteil rechts auf rechts aufeinander, fixiere die Schulterkanten und nähe sie zusammen.

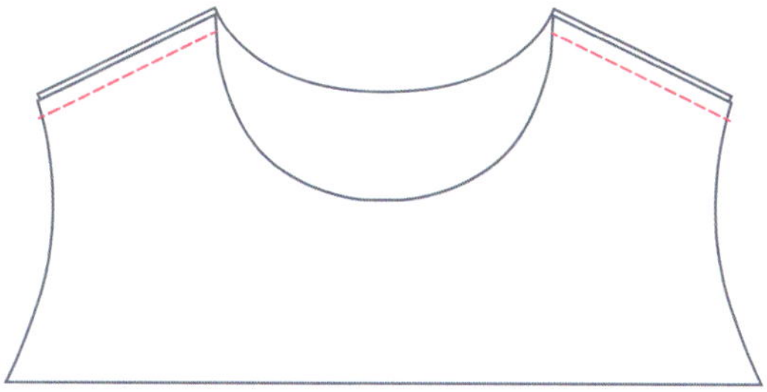

3. ÄRMEL ANNÄHEN

Klappe Vorder- und Rückteil auseinander und stecke die Ärmel rechts auf rechts an den passenden Armausschnitt. Orientiere dich dabei an den Knipsen **(A)** und nähe beide Ärmel an das Oberteil an **(B)**.

(A)

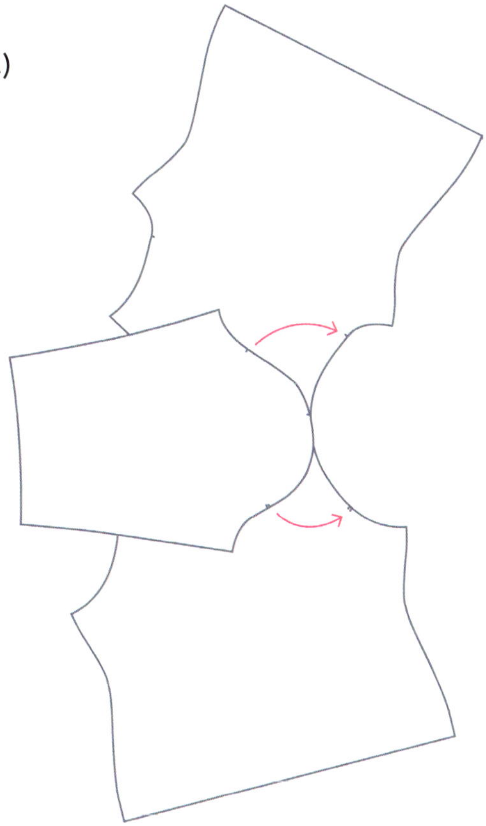

(B)

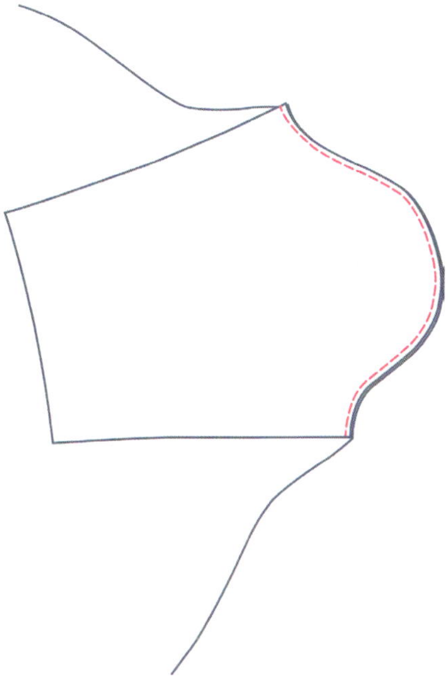

4. SEITENNÄHTE SCHLIESSEN

Lege das Vorderteil rechts auf rechts auf das Rückteil und stecke die Ärmel und Seitennähte, beginnend an der Achselnaht und von dort erst Richtung Ärmelbund und anschließend Richtung Bauchbund, fest und nähe sie in einem Rutsch zusammen.

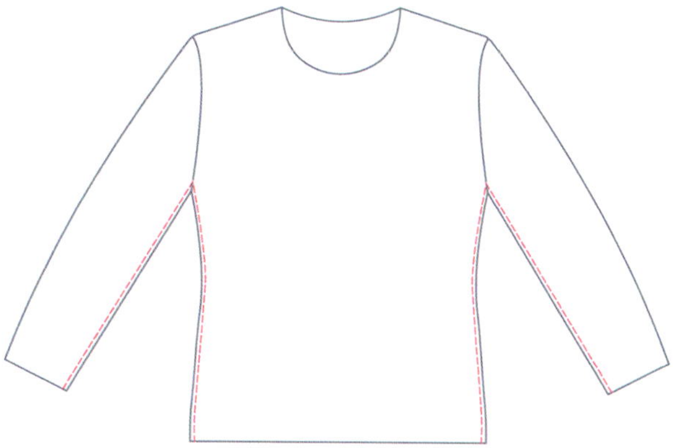

5A. MIT HALSBÜNDCHEN NÄHEN

5.1. Nähe die kurzen Seiten rechts auf rechts zusammen **(A)** und falte den so entstandenen Ring anschließend der Länge nach links auf links **(B)**.

(A)

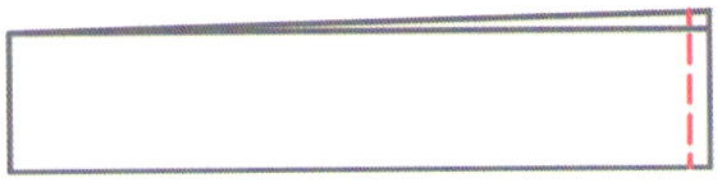

(B)

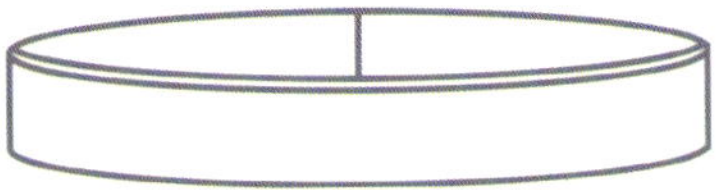

5.2. Teile das Halsbündchen und den Ausschnitt in Viertel **(A)**, stecke beides anhand der Markierungen rechts auf rechts aneinander und nähe das Halsbündchen gleichmäßig gedehnt an den Ausschnitt **(B)**. Steppe die Nahtzugabe am Halsloch dann knappkantig ab **(C)**. Nutze hierfür einen Geradstich mit einer etwas längeren Stichlänge (3,5–4).

(A)

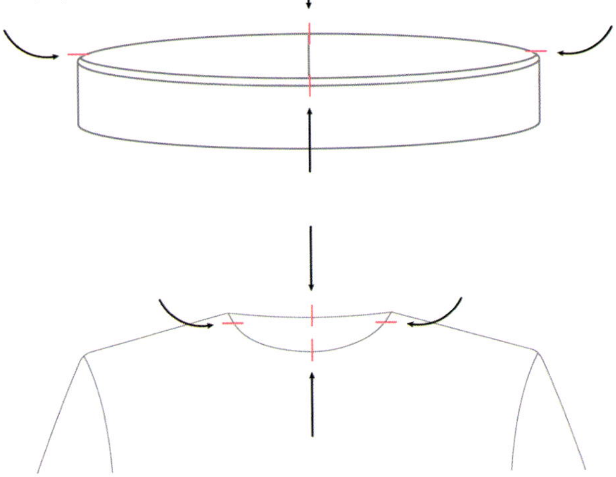

(B)

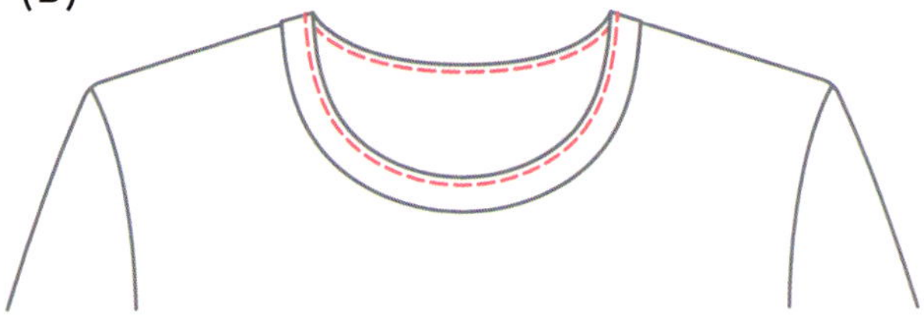

(C)

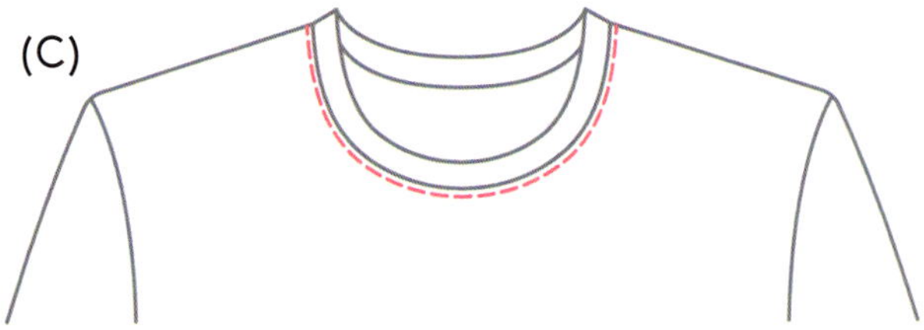

5B. MIT KAPUZE NÄHEN

5.1. Klappe die Außenkapuze auf und stecke den Mittelstreifen der Außenkapuze anhand der Knipse rechts auf rechts an die runde Kante eines Seitenteils der Außenkapuze **(A)**. Nähe den Mittelstreifen an und verfahre mit der zweiten Seite ebenso **(B)**. Steppe die Nahtzugabe des Mittelstreifens fest **(C)**. Wiederhole die Schritte mit der Futterkapuze.

(A)

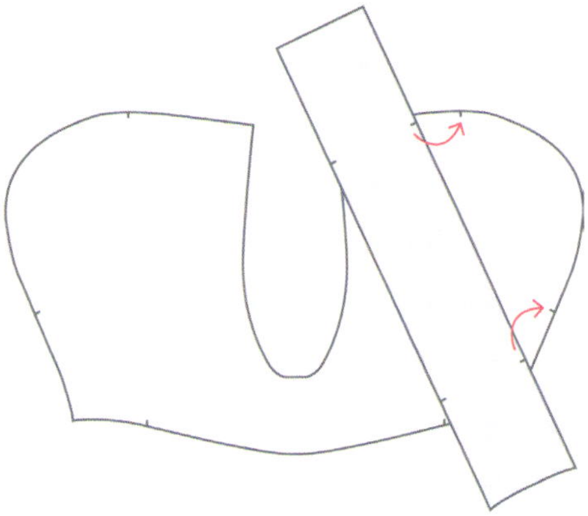

(B)

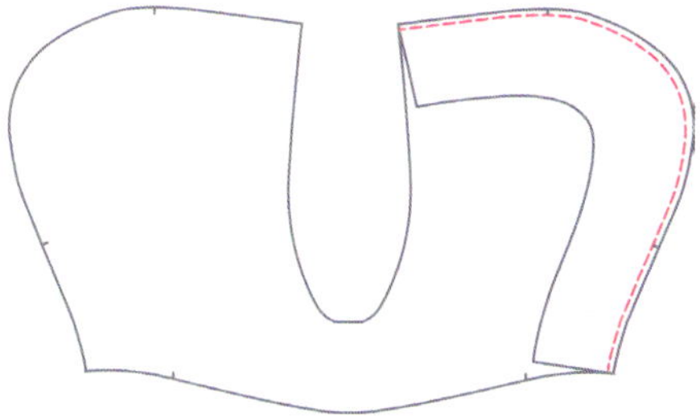

(C)

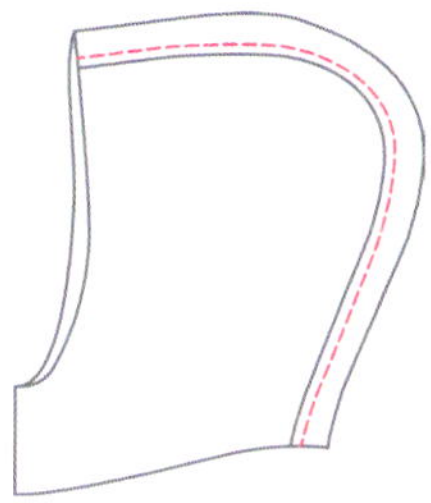

5.2. Ziehe die Futterkapuze rechts auf rechts über die Außenkapuze **(A)**, fixiere sie aneinander und nähe sie am Kapuzenloch rundherum zusammen **(B)**. Wende die Kapuze anschließend. Nähe beide Kapuzenteile nun mit 2–3 cm Abstand zur Kante von rechts zusammen **(C)**.

(A)

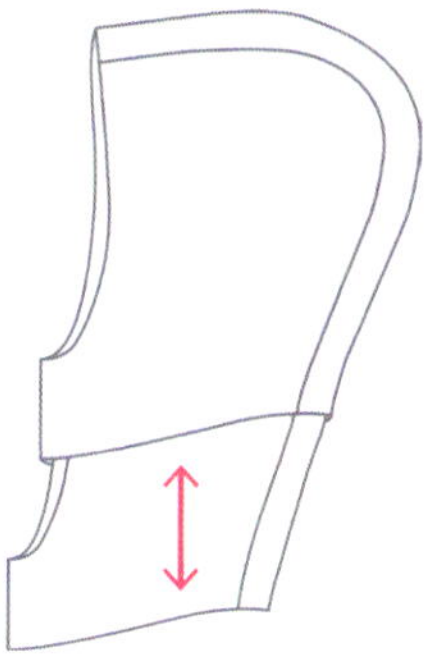

(B)

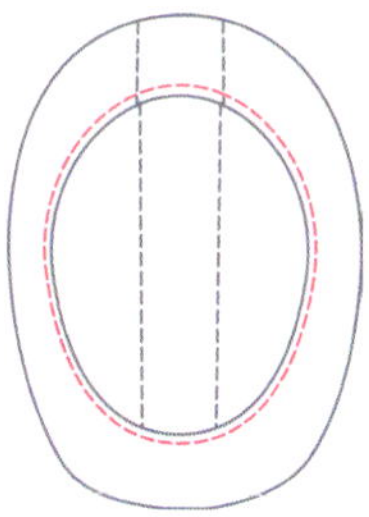

(C)

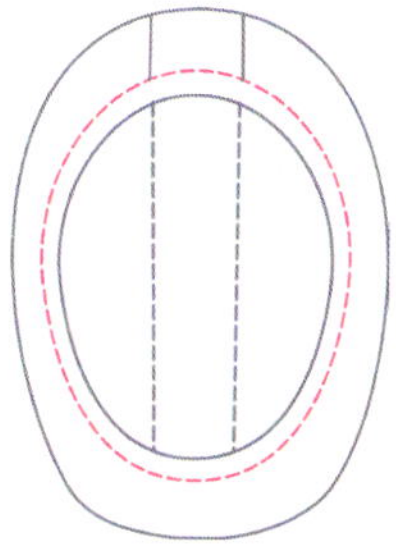

5.3. Markiere an Halsloch und Kapuze jeweils die vordere und hintere Mitte **(A)** und stecke beides anhand der Markierungen rechts auf rechts ineinander **(B)**. Nähe die Kapuze gleichmäßig gedehnt an den Ausschnitt **(C)**. Wende das Sweatshirt anschließend auf rechts und steppe die Nahtzugabe am Halsloch knappkantig mit einem Geradstich (3,5–4) ab **(D)**.

(A)

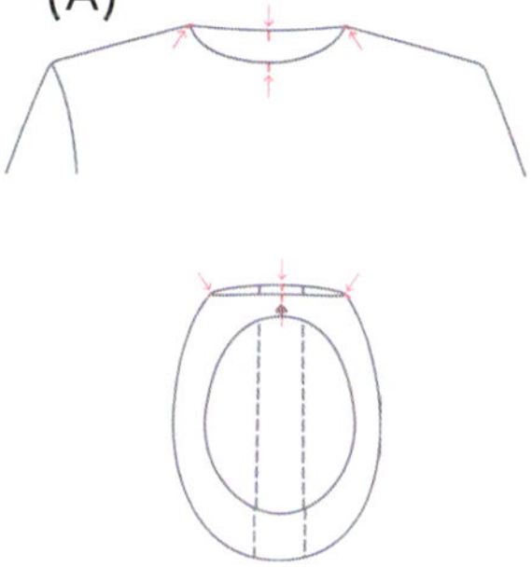

(B)

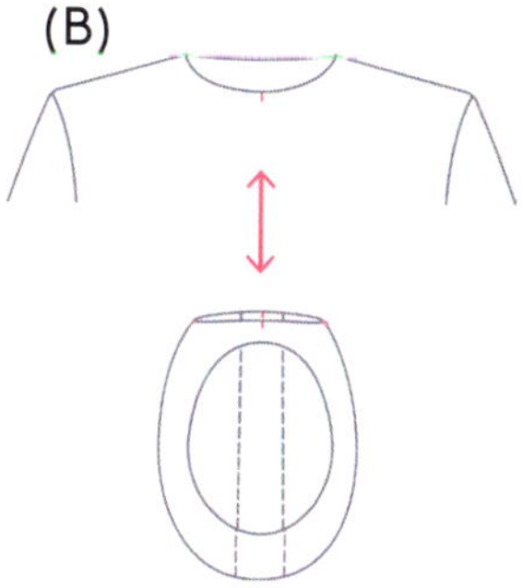

(C)

(D)

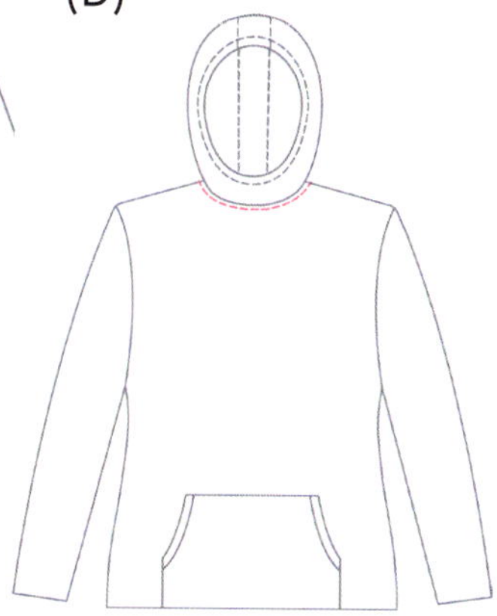

6. ÄRMELBÜNDCHEN ANNÄHEN

Nähe jeweils die kurzen Seiten, hier mit Einkerbung, rechts auf rechts zusammen **(A)**, falte den Ring mittig links auf links **(B)** und stülpe ihn rechts auf rechts über den Ärmel. Nähe beide Bündchen gedehnt an **(C)**.

(A)

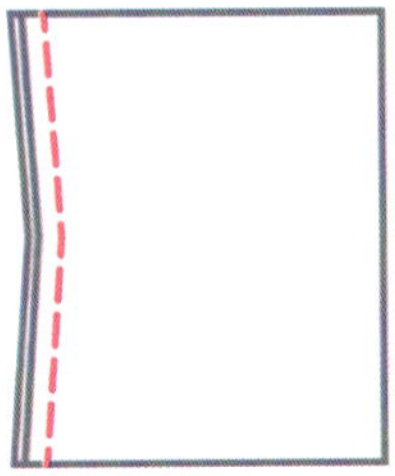

(B)

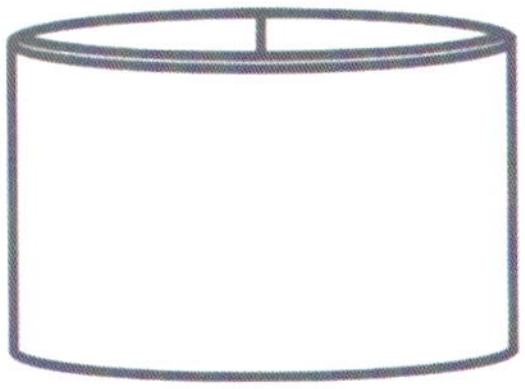

(C)

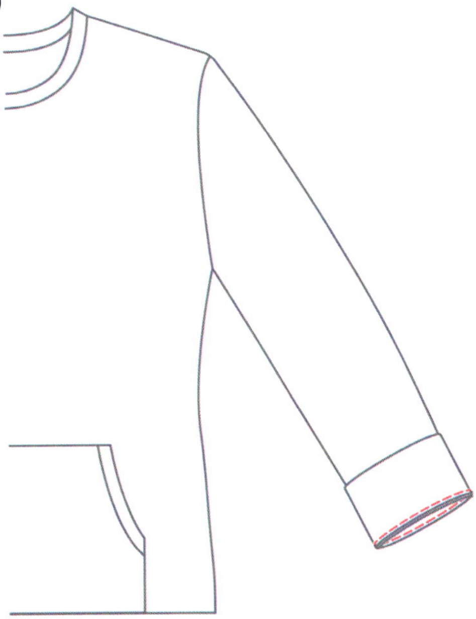

7. SAUMBUND ANNÄHEN

Der Bauchbund besteht aus zwei Teilen, jeweils eines für die Vorder- und Rückseite. Lege beide Teile rechts auf rechts übereinander und nähe beide kurzen Seiten zusammen **(A&B)**. Falte den Ring der Länge nach links auf links **(C)**, markiere dir sowohl am Sweater als auch am Bund die vordere und hintere Mitte und stecke den Bund anhand der Markierungen rechts auf rechts an den Saum. Die Seitennähte treffen aufeinander. Nähe den Bund gedehnt am Saum fest **(D)**. Fasse beim Vorderteil ggf. die Tasche mit ein. Steppe die Nahtzugabe zuletzt von rechts knappkantig fest **(E)**.

(A)

(B)

(C)

(D)

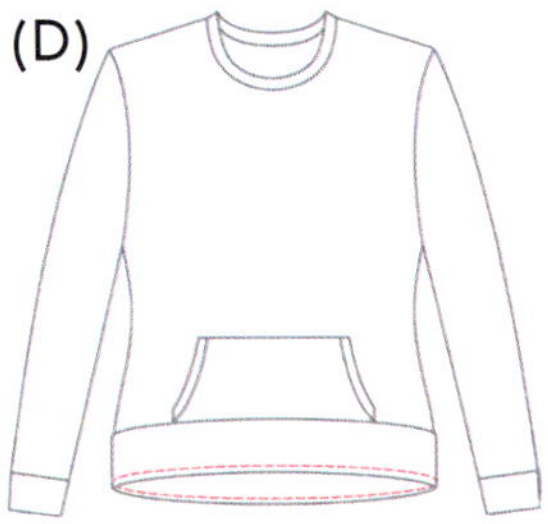

(E)

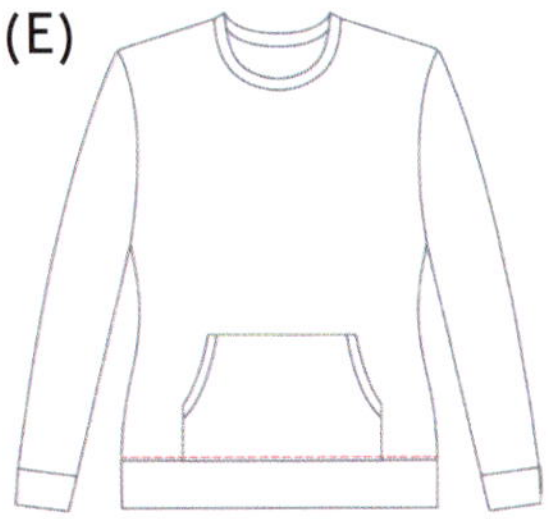

Hier Nähvideo zum Sweatshirt anschauen

DESIGNBEISPIELE

HOSE

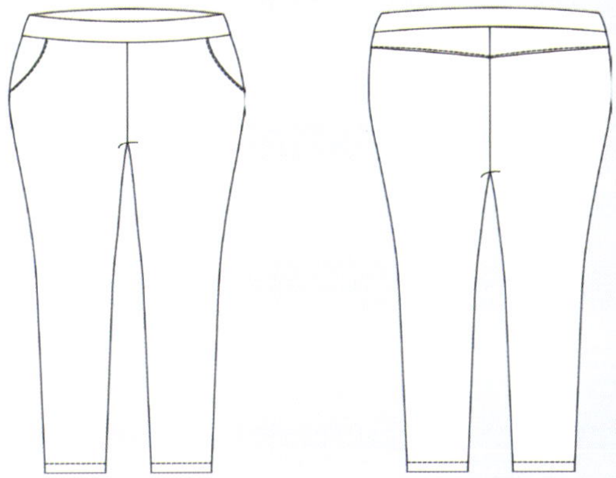

Hier downloaden
https://www.emf-verlag.de/buecher/handarbeiten/naehen/keine-angst-vor-klamotte-basic-outfit-naehen-von-anna-einfach-naehen/978-3-7459-1885-4

MASSTABELLEN

Die Hose ist körpernah geschnitten und im Schritt lässig. Aus dem richtigen Material, mit einem Fake-Eingriff, Taschen und Gürtelschlaufen ist diese Hose von einer „normalen" Hose kaum zu unterscheiden und absolut alltagstauglich. Falls du dir wegen der Passform nicht sicher bist, nähe zuerst den Bund und teste, ob du ihn über deine Hüfte bekommst.

KÖRPERMASSTABELLE

Körpermaße	34	36	38	40	42	44	46	48	50	52	54	56	58
Taillenumfang	66	69	72	76	80	84	91	97	104	110	117	125	134
Hüftumfang α	87	90	93	97	101	105	111	116	122	127	133	140	147
Hüftumfang β	91	94	97	101	105	109	115	120	126	131	137	144	151
Hüftumfang γ	94	97	100	104	108	112	118	123	129	134	140	147	154

FERTIGMASSTABELLE

Fertigmaße	34	36	38	40	42	44	46	48	50	52	54	56	58
Bundumfang	77	80	83	86	88	91	96	101	106	111	116	123	130
Hüftumfang α	82	80	87	90	93	95	100	104	108	112	117	122	128
Hüftumfang β	85	88	91	94	96	99	103	108	112	116	120	126	132
Hüftumfang γ	88	91	94	97	99	102	106	110	115	119	123	129	135

STOFFEMPFEHLUNG

Für die Hose eignen sich Hosenstoffe mit ca. 5 % Elastananteil wie z. B. Bengalin, Hosentwill oder Denimstoffe.

Stoffverbrauch	34	36	38	40	42	44	46	48	50	52	54	56	58
Stoffbreite 140 cm	2 m	2 m	2 m	2 m	2 m	2 m	2 m	2 m	2 m	2 m	2,5 m	2,5 m	2,5 m
Gummiband	1,5 m	1,5 m	1,5 m	1,5 m	1,5 m	1,5 m	1,5 m	1,5 m	1,5 m	1,5 m	1,5 m	1,5 m	1,5 m

ZUSCHNITT

Konfektionsgröße 34-52
(Stoffverbrauch 200 cm)

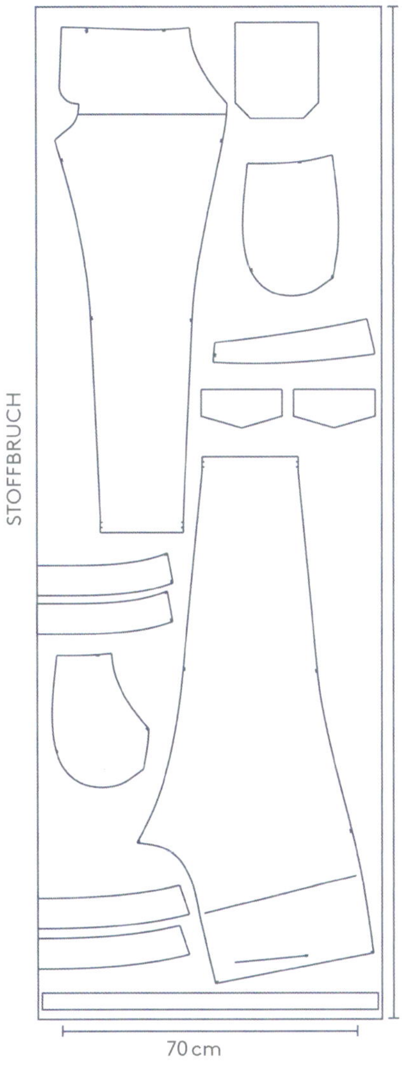

Konfektionsgröße 54-58
(Stoffverbrauch 250 cm)

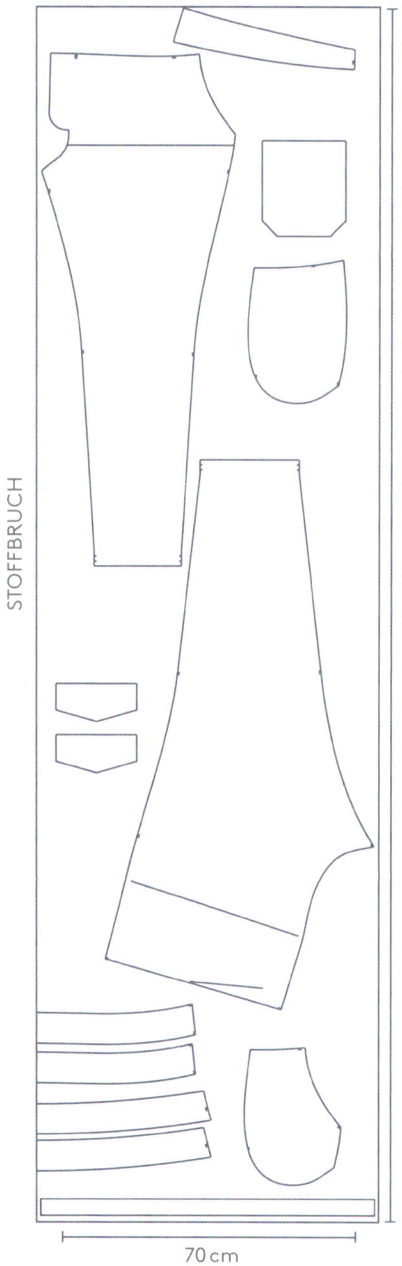

NÄHANLEITUNG

1. EINGRIFFTASCHEN NÄHEN

1.1. Nimm dir ein Vorderhosenteil und den dazugehörigen vorderen Taschenbeutel. Stecke den Taschenbeutel rechts auf rechts an den Eingriff und nähe ihn fest.

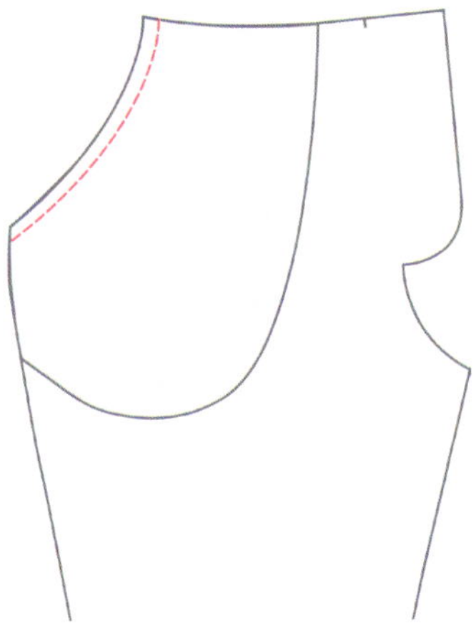

1.2. Klappe den Eingriff nach innen um, bügle die Kante und steppe sie von rechts knappkantig ab.

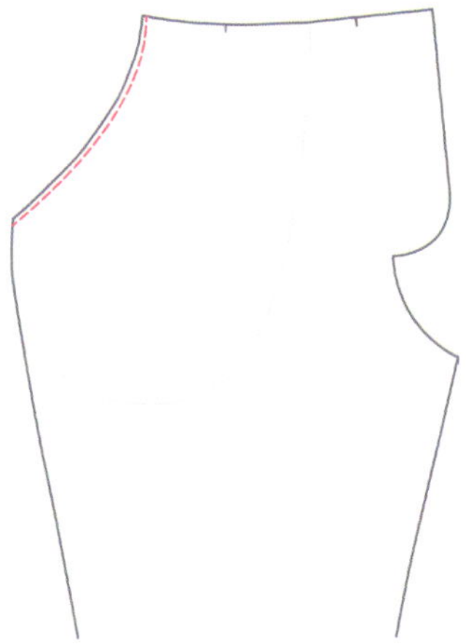

1.3. Platziere den hinteren Taschenbeutel auf dem vorderen Taschenbeutel und nähe nur die beiden Taschenbeutel an den Rundungen zusammen.

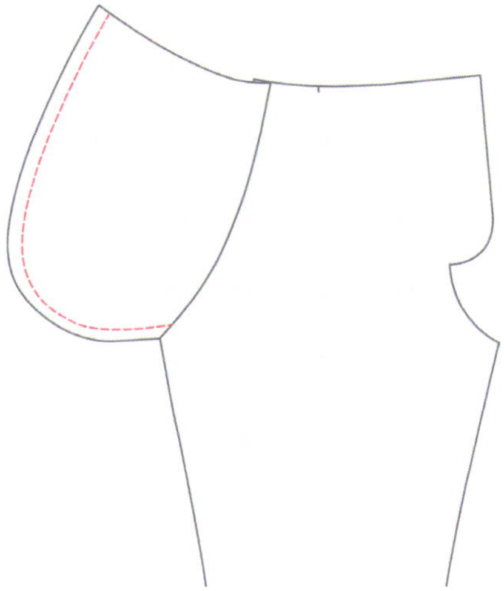

1.4. Fixiere die Tasche oben neben dem Eingriff und seitlich unter dem Eingriff mit ein paar Stichen innerhalb der Nahtzugabe.

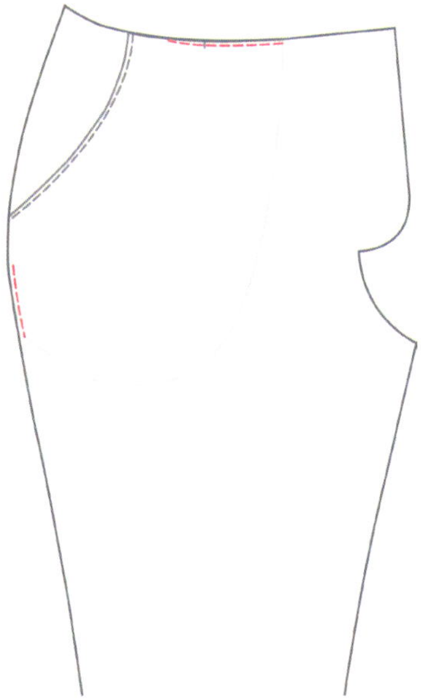

2. VORDERHOSE NÄHEN

2.1. Lege beide Vorderhosenbeine rechts auf rechts, stecke die Schrittnaht einschließlich des Eingriffs und nähe sie zusammen.

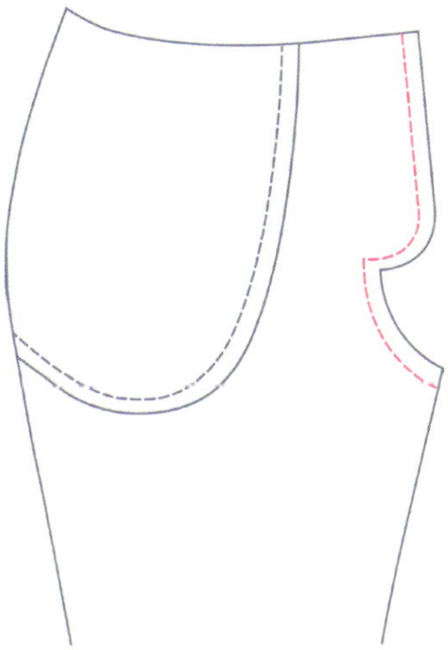

2.2. Schneide die nach innen zeigende Ecke anschließend bis kurz vor die Naht ein.

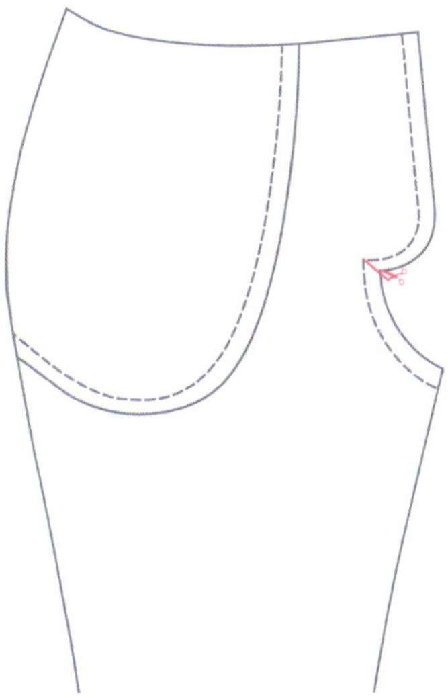

2.3. Klappe die Vorderhose so auseinander, dass die rechte Seite zu dir schaut, und klappe den Eingriff innenliegend zur Seite. Nähe die „Öffnung" des Eingriffs knappkantig ab. Nähe ihn dabei aber nicht an der Hose fest.

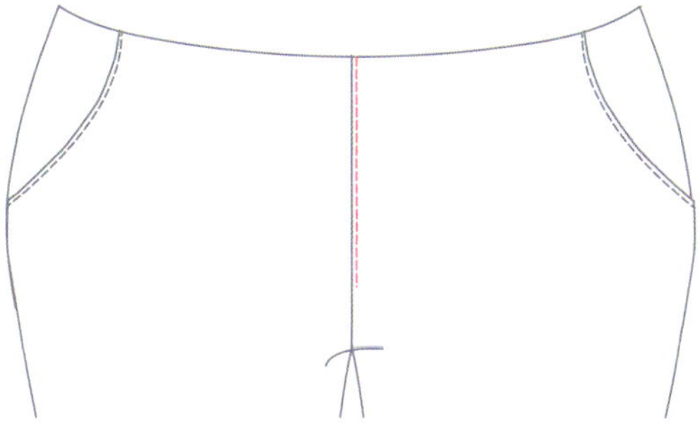

2.4. Steppe dann den nach innen eingeschlagenen Teil des Eingriffs von außen ab.

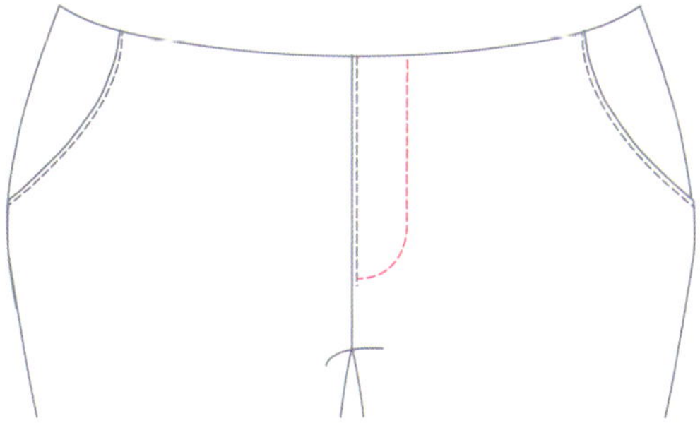

2.5. Steppe zuletzt die Schrittnaht unterhalb des Schlitzes gerade herunter ab.

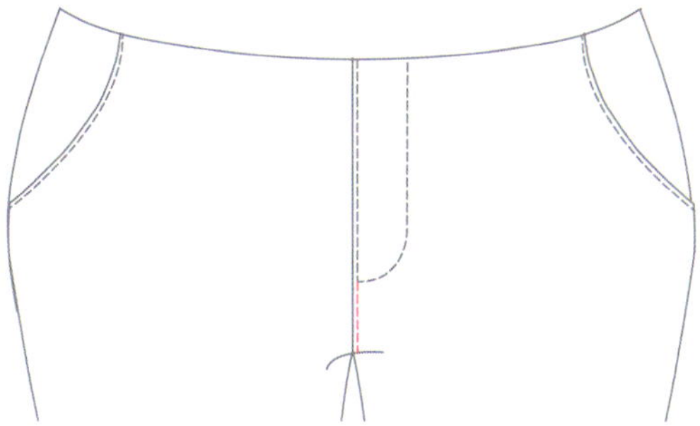

3. HINTERHOSE NÄHEN

3.1. Stecke je einen Sattel rechts auf rechts mit der langen Kante an die Oberkante des Hinterhosenbeines und nähe beides zusammen.

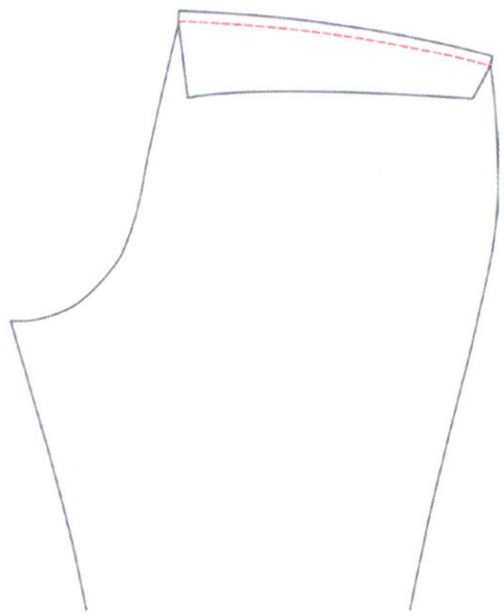

3.2. Klappe den Sattel sowie die Nahtzugabe nach oben und steppe die Nahtzugabe von rechts knappkantig auf dem Sattel ab.

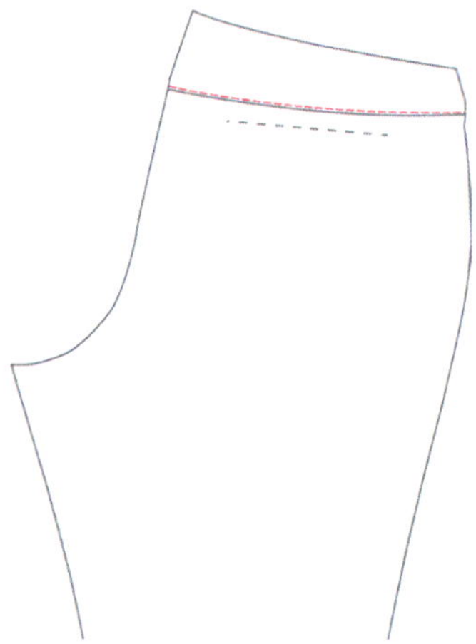

3.2. Erstelle dir für die Potasche eine Schablone aus Pappe (ohne Nahtzugabe). Platziere die Schablone auf der linken Seite einer Potasche und bügle alle Kanten um die Schablone nach innen. Entferne die Schablone und steppe die obere umgebügelte Kante von rechts ab.

3.4. Platziere je eine Seitentasche links auf rechts der Markierung entsprechend auf die Hinterhosenbeine und nähe sie fest.

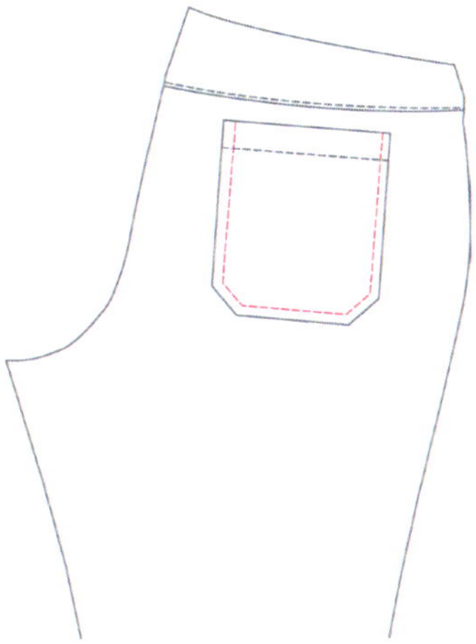

3.5. Lege beide Hinterhosenbeine rechts auf rechts aufeinander und nähe sie an der Schrittnaht zusammen.

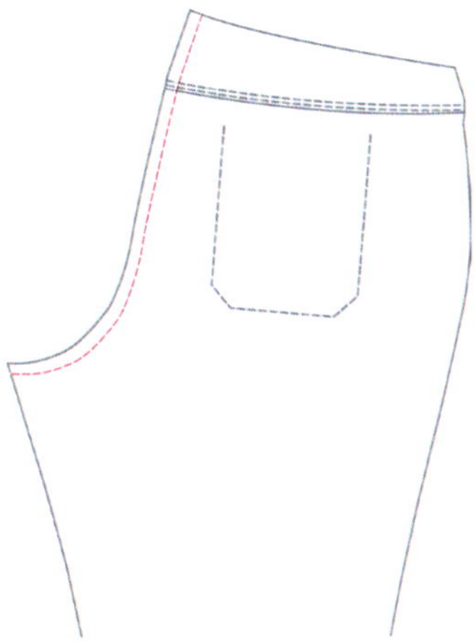

4. HOSE ZUSAMMENFÜGEN

Platziere die Hinterhose rechts auf rechts auf die Vorderhose und nähe sie sowohl an den Innen- als auch an den Außenseiten der Hosenbeine zusammen.

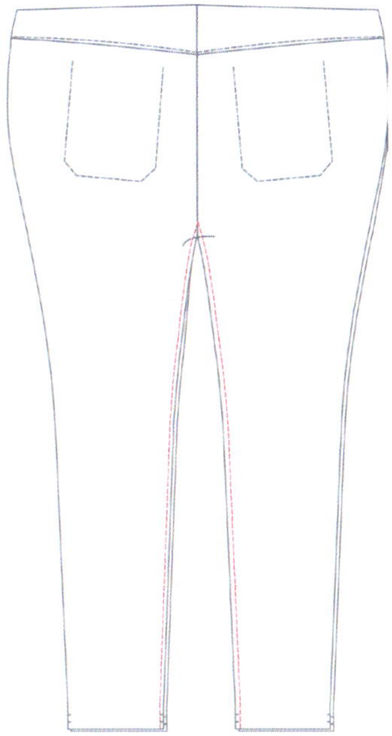

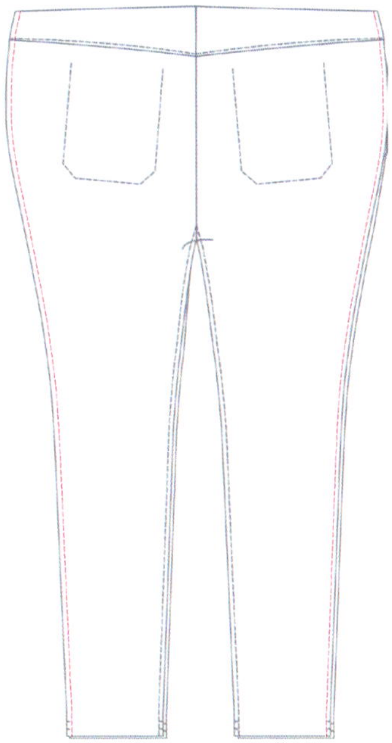

5. HOSENBUND NÄHEN & SÄUMEN

5.1. Nähe jeweils einen Vorderhosen- und einen Hinterhosenbund an den kurzen Seiten rechts auf rechts zusammen und wiederhole dies mit den beiden anderen Bundschnittteilen.

Lege die beiden Hosenbundringe rechts auf rechts ineinander und nähe sie an der oberen Kante mit einem schmalen Zickzackstich zusammen. Stülpe den Hosenbund anschließend links auf links, sodass die rechten Seiten sichtbar sind.

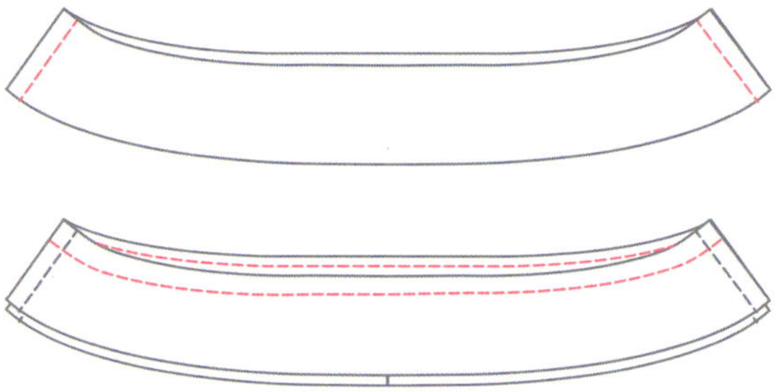

5.2. Stecke den Hosenbund rechts auf rechts an die Hose. Achte dabei darauf, dass die Seitennähte des Bundes auf die Seitennähte der Hose treffen. Nähe beides rundherum mit einem schmalen Zickzackstich fest. Lasse am Ende eine Öffnung von ca. 5 cm.

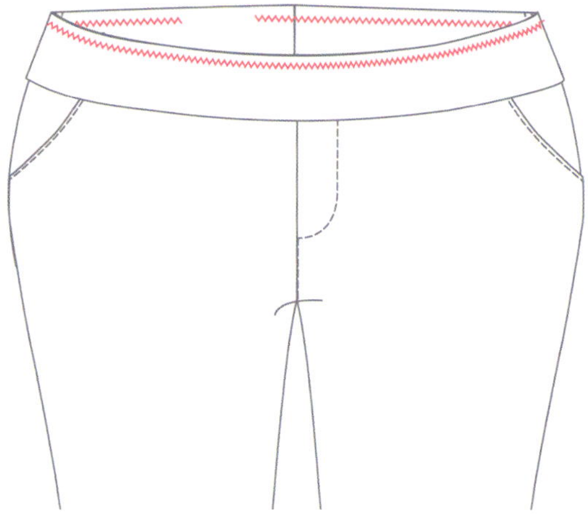

5.3. Nimm dir ein 4 cm breites Gummiband und miss die passende Länge direkt an deinem Körper ab. Befestige an einem Ende des Gummibandes eine Sicherheitsnadel und ziehe das Gummi durch den Hosenbund.

Achte darauf, dass sich das Gummiband im Bund nicht verdreht.

5.4. Nähe die beiden Gummibandenden zusammen, nähe dabei ruhig mehrfach hin und zurück.

5.5. Schließe zuletzt die Öffnung im Hosenbund.

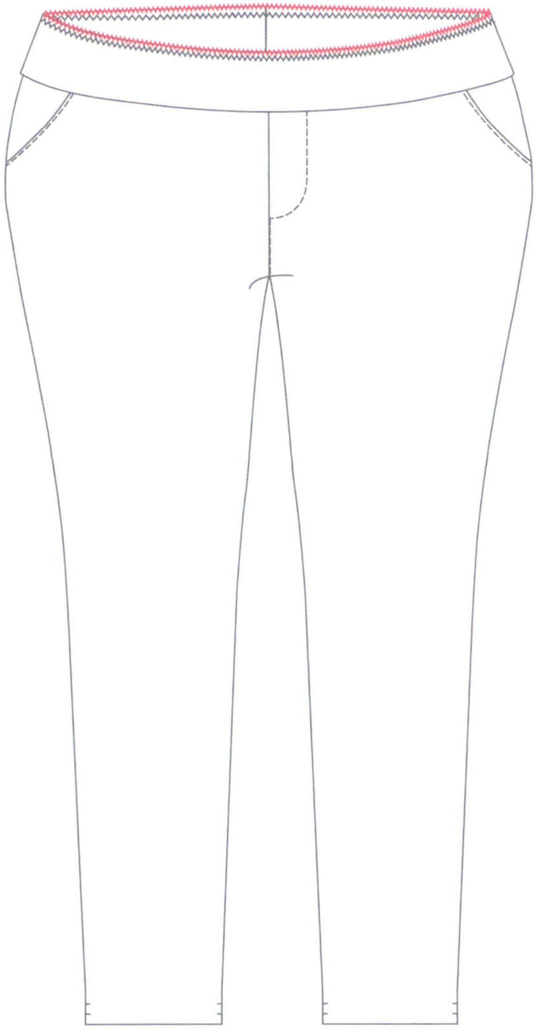

5.6. Versäubere die Nahtzugabe des Bundes und klappe ihn nach oben.

5.7. Schlage zuletzt die Beinsäume jeweils zweimal nach außen um je 1,5 cm ein und steppe sie von rechts im Nahtschatten der Seitennaht fest. Alternativ kannst du den Saum auch 3 cm nach innen schlagen und rundherum festnähen.

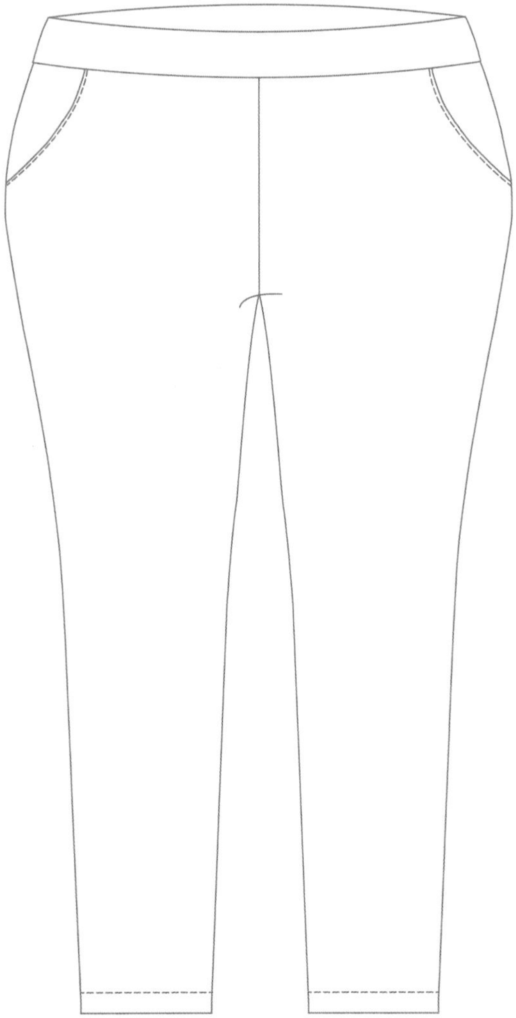

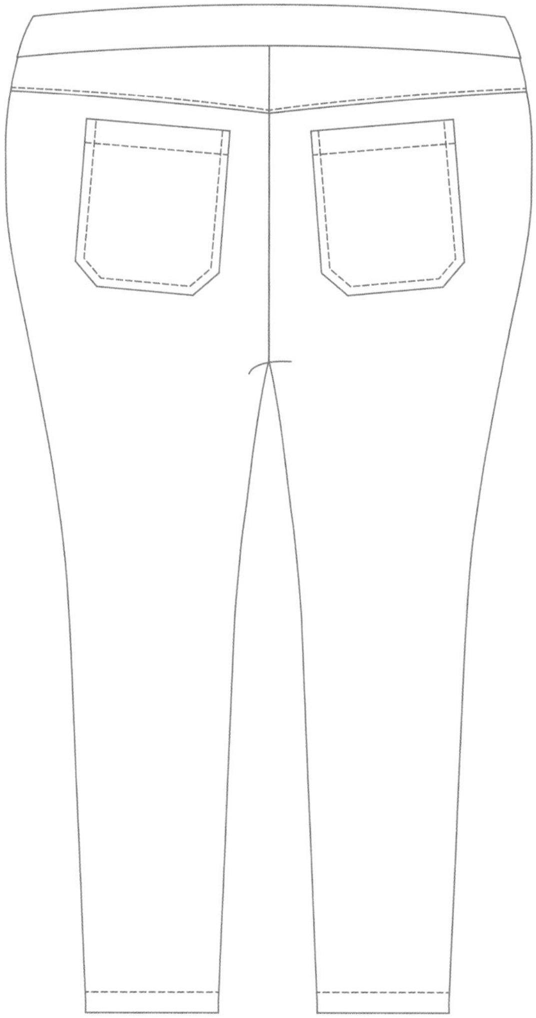

Hier Nähvideo zur Hose anschauen

DESIGNBEISPIELE

„Schnittanpassung ist kein Übel, sondern eine Chance."

SCHNITT-ANPASSUNG

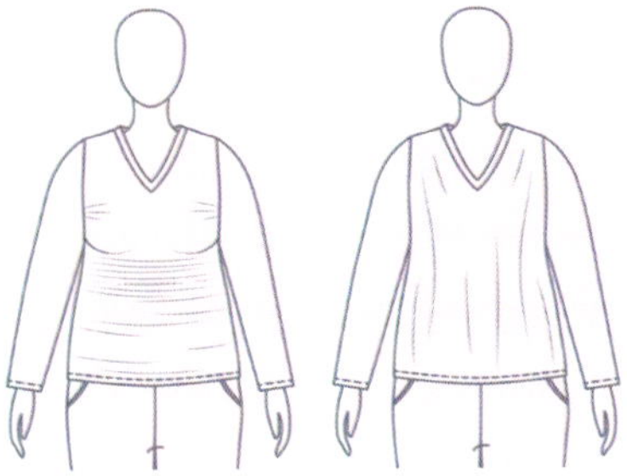

RUMPF WEITER/ ENGER MACHEN

Wenn dein Oberteil am Bauch oder am der Hüfte spannt oder zu labberig fällt, kann das verschiedene Ursachen haben: Du hast dich vermessen, die falsche Größe gewählt, im falschen Maßstab ausgedruckt, falsch abgepaust oder die Nahtzugaben sind fehlerhaft. Oder du hast ein anderes Material ausgesucht, als zu dem Schnittmuster empfohlen wird. Und selbst wenn du alles richtiggemacht hast, kann es sein, dass dir die Passform an dir persönlich nicht gefällt. Wie du das Oberteil enger oder weiter machen kannst, zeige ich dir hier.

WEITE BESTIMMEN FÜR SCHNITTANPASSUNG

Als Erstes bestimmst du, um wie viel du dein Oberteil weiter oder enger machen möchtest.

Oberteil zu weit: Abstecken

Wenn dein Oberteil zu weit ist, kannst du es am besten auf links anziehen und die Seitennähte so abstecken (lassen), dass es die richtige Körpernähe für dich hat. Dann kannst du das Oberteil entlang der Stecknadeln vom Ärmelsaum über die Seitennaht bis zum Saum enger nähen.

Oberteil zu eng: Ausmessen

Wenn dein Oberteil zu eng ist, dann solltest du die entsprechende Stelle an deinem Körper ausmessen und den Wert mit dem Schnittmuster vergleichen. Wenn dir beispielsweise am Bauch oder an der Hüfte Stoff fehlt, misst du dort deinen Körper und vergleichst den Wert mit dem Schnittmuster an der gleichen Stelle.

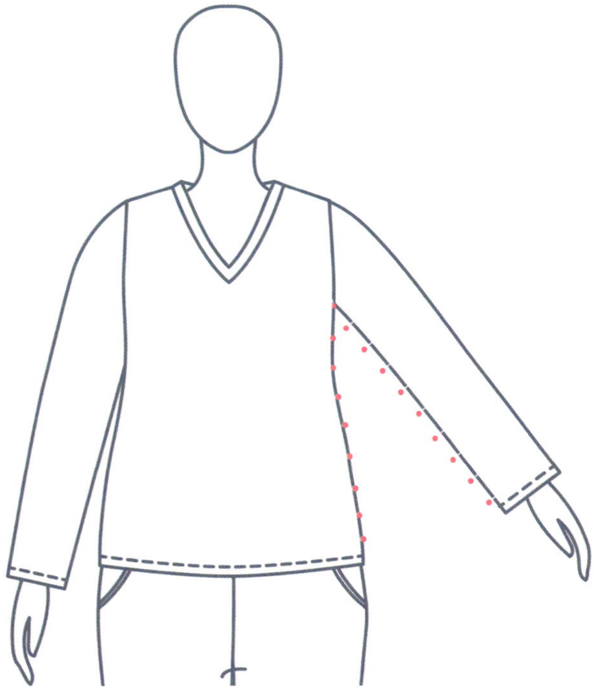

Aber Achtung: Bei körpernahen Oberteilen aus dehnbaren Stoffen (z.B. ein enges T-Shirt) ist das Schnittmuster immer kleiner als die tatsächlichen Körpermaße, da sich der Stoff beim Tragen dehnt. Hier also nicht die vollen gemessenen Zentimeter dazugeben, sondern etwas weniger. Als grobe Orientierung kannst du dein Maß x 0,8 nehmen und mit dem Schnitt vergleichen.

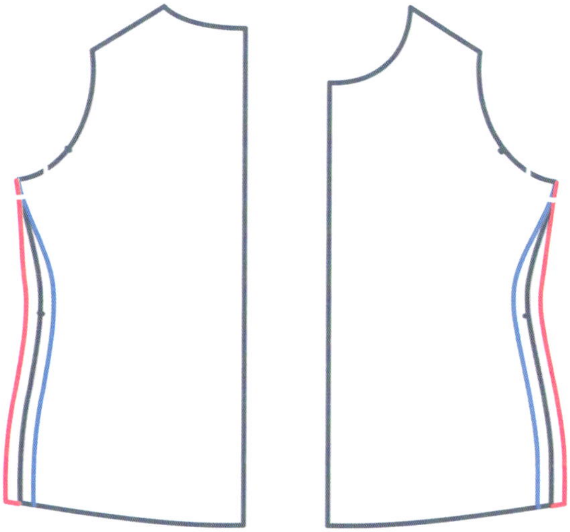

NEUE SEITENNÄHTE IM SCHNITTMUSTER EINZEICHNEN

Wenn du dich bei der Größen- und Stoffauswahl an die Anleitung gehalten hast und du das Oberteil auch für zukünftige Projekte enger oder weiter machen möchtest, dann kannst du die Änderungen auf dein Schnittmuster übertragen.

Orientiere dich hierfür an den Seitenlinien und zeichne sie um die entsprechenden Zentimeter neu ein. Wenn du das Oberteil enger machen möchtest, nimmst du von den Kanten an Vorder- und Rückteil etwas weg. Möchtest du das Oberteil weiter machen, fügst du etwas hinzu.

Wichtig: Die Seitennähte von Vorder- und Rückteil müssen nach der Änderung wieder gleich lang sein.

OBERTEIL NUR AN BRUST ZU ENG: FBA (FULL BUST ADJUSTMENT)

Wenn dein Oberteil nur im Brustbereich zu eng ist und du eine größere Brust als ein B-Körbchen hast, dann brauchst du nur im Vorderteil für deine Brust mehr Platz. Die Methode zur Anpassung nennt sich FBA (Full Bust Adjustment) und wird auf Seite 98 erklärt.

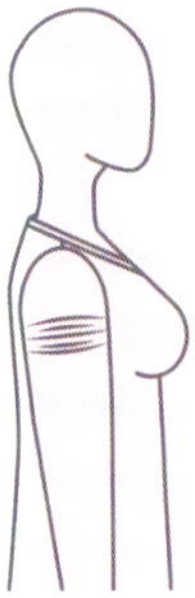

ÄRMEL ENGER/WEITER MACHEN

Wenn du sehr sportlich oder am Oberarm generell kräftiger gebaut bist, dann kann es passieren, dass der Ärmel unangenehm kneift. Auch bei einem Lipödem (Anm.: Störung der Fettverteilung im Körper) an den Armen braucht man mehr Platz für eine gute Bewegung.

BEQUEMLICHKEITSZUGABEN ÄRMEL

Auch wenn keiner der oben genannten Gründe zutrifft, kann sich der Ärmel zu eng anfühlen. Bei der Erstellung von Kleidung wird mit sogenannten Bequemlichkeitszugaben gearbeitet, die von deinem persönlichen Bequemlichkeitsgefühl abweichen können. Hier eine Übersicht, wie viel bei welchem Kleidungsstück jeweils an den Ärmeln pauschal dazugegeben wird:

Passform	Bequemlichkeitszugabe
Sehr körpernah (Wäsche)	0,5 cm - 1,5 cm
körpernah (enge Bluse/ Kleid)	1,5 cm - 3 cm
locker (weite Bluse/Kleid)	3 cm - 4,2 cm
körperfern (Jacke, Blazer, Mantel)	4,2 cm - 6 cm
sehr körperfern (weite Jacke/Mantel)	6 cm - 6,5 cm

ARMUMFANG AUSMESSEN

Damit du weißt, um wie viel du den Ärmel am Oberarm erweitern musst, misst du zuerst deinen Oberarm aus. Stelle dich dafür gerade hin und winkle den Arm leicht an (nicht anspannen!). Miss nun den Umfang deines Oberarms an der stärksten Stelle.

Als Nächstes misst du den Umfang deines Ärmelschnittteils waagerecht ca. 3–5 cm unterhalb der Achsel. Die Differenz beider Werte unter Berücksichtigung der Bequemlichkeitszugaben verrät dir, um wie viel du den Ärmel anpassen musst.

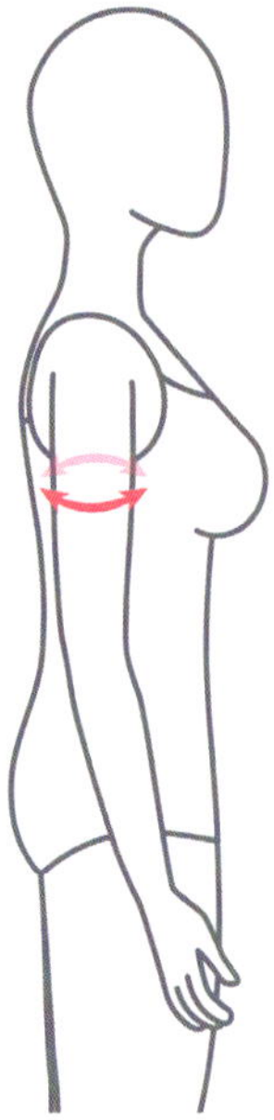

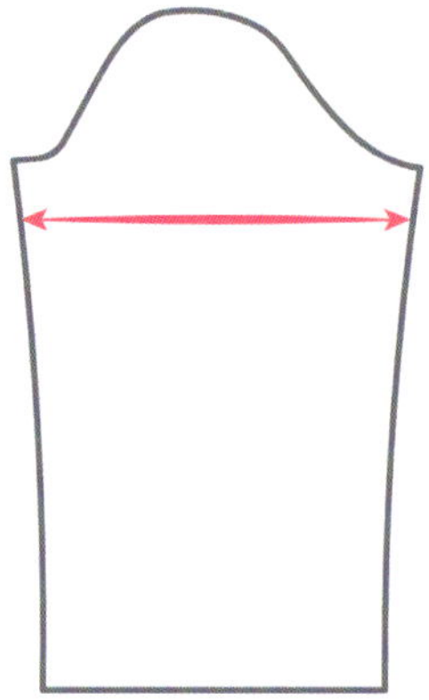

LINIEN EINZEICHNEN UND ÄRMEL-SCHNITT AUFSCHNEIDEN

Zeichne 3–5 cm unterhalb der Achsel eine waagerechte Linie im rechten Winkel zum Fadenlauf bzw. parallel zum Ärmelsaum. Eine weitere Linie teilt den Ärmel senkrecht in zwei Hälften.

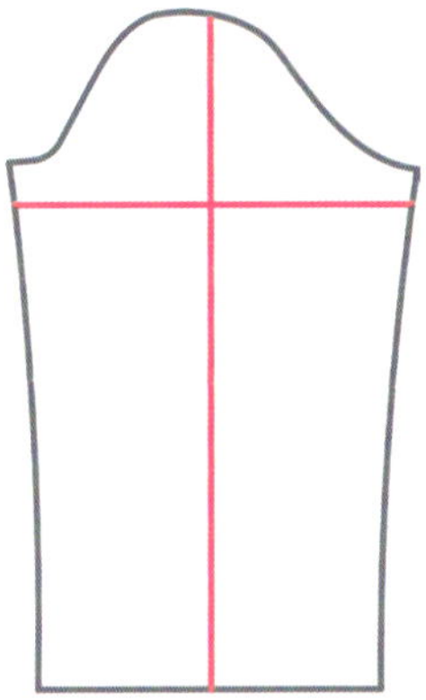

Jetzt schneidest du die senkrechte Linie von unten bis kurz vor der Ärmelrundung auf – nicht durch! Die waagerechte Linie schneidest du jeweils von innen nach außen auf, ohne sie komlett durchzuschneiden.

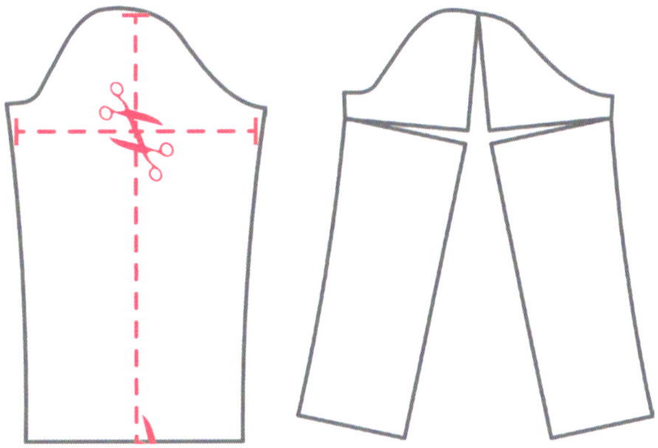

WEITE FÜR OBERARM DAZUGEBEN

Um den Ärmel für den Oberarm weiterzumachen, ziehst du die Schnittteile so weit auseinander, dass in der Mitte eine Raute entsteht. Diese Raute ist so breit wie die von dir gewünschte Mehrweite.

Achtung: Bei einem normalen Ärmel sollte die Differenz nicht mehr als 5 cm entsprechen und bei einem geteilten Ärmel nicht mehr als 3 cm. Ansonsten verformen sich die Schnittteile zu stark.

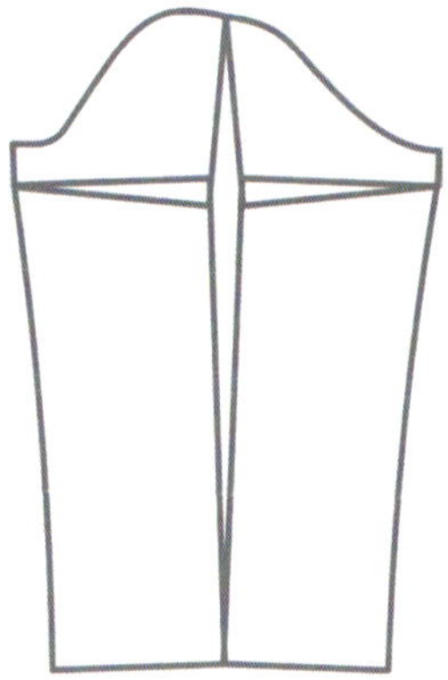

Als Letztes musst du nur die Seitenlinien harmonisch nachzeichnen und den Saum angleichen.

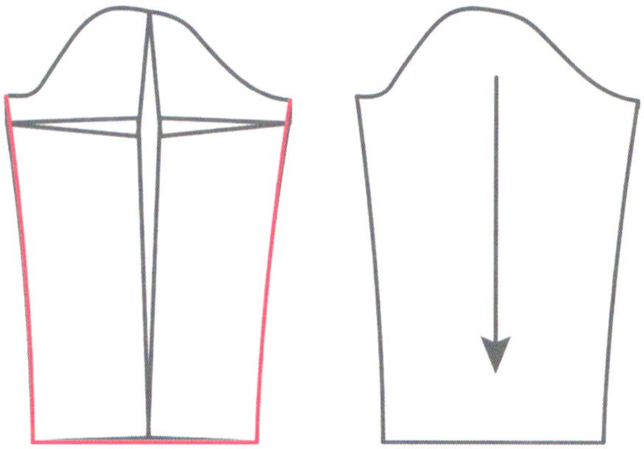

ÄRMEL AM OBERARM ENGER MACHEN

Mit der gleichen Technik kannst du den Ärmel am Oberarm auch enger machen. Hierfür ziehst du den Ärmel nicht auseinander, sondern schiebst ihn um die gewünschte Weite zusammen.

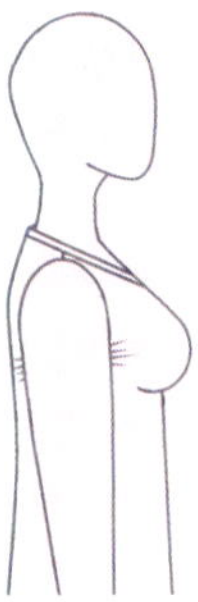

ACHSEL VERTIEFEN

Wenn dein Oberteil unter den Armen zwickt oder du die Arme nicht frei bewegen kannst, dann kann das Armloch zu weit oben unter der Achsel sitzen. Mit dieser Anleitung kannst du das Armloch vertiefen und so mehr Bewegungsfreiheit bekommen.

ARMLOCHTIEFE AUSMESSEN

Um festzustellen, um wie viel Zentimeter du das Armloch vertiefen musst, kannst du das Oberteil anziehen und dir an der Seitennaht unterhalb der Achsel mit einer Stecknadel oder Kreide eine Markierung setzen, wo das neue Armloch beginnen soll.

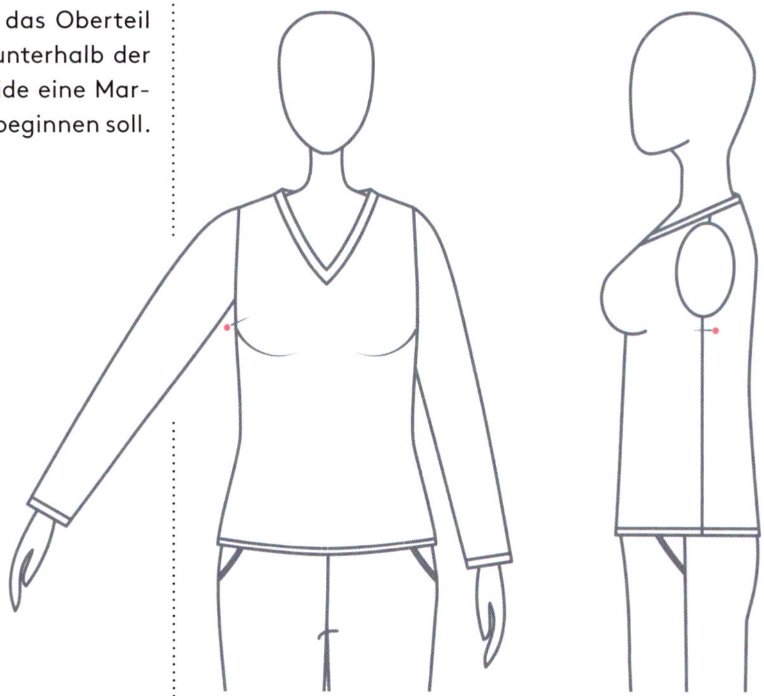

ACHSELPUNKT NACH UNTEN VERSETZEN

Markiere an Vorder- und Rückteil an der jeweiligen Seitennaht, wo das neue Armloch beginnen soll. Zeichne von dort den Armausschnitt nach und lass die Linie harmonisch in das ursprüngliche Armloch übergehen. Möchtest du das Armloch z.B. um 1cm vertiefen, dann beginnt deine Linie 1cm unterhalb des Achselpunktes.

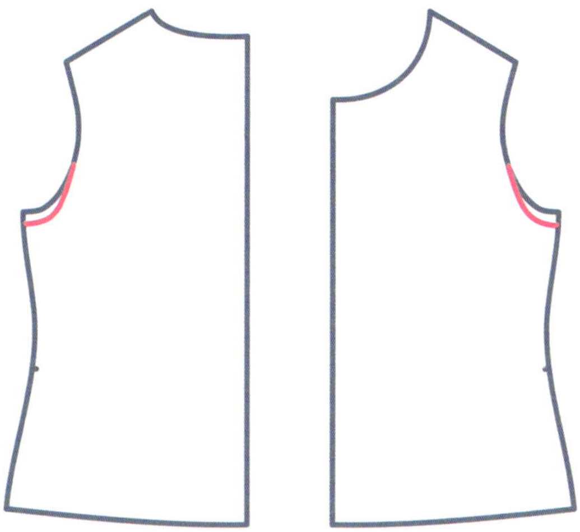

ARMKUGEL IN DER HÖHE ANPASSEN

Im zweiten Schritt musst du die Armkugel am Ärmelschnittteil anpassen. Suche dir hierfür den höchsten Punkt der Rundung am Ärmel. Das ist in der Regel auch der Punkt, der später auf die Schulternaht trifft. Zeichne dir hier die Länge, um die du das Armloch vertieft hast, oberhalb der Rundung ein und zeichne die Rundung des Ärmels neu.

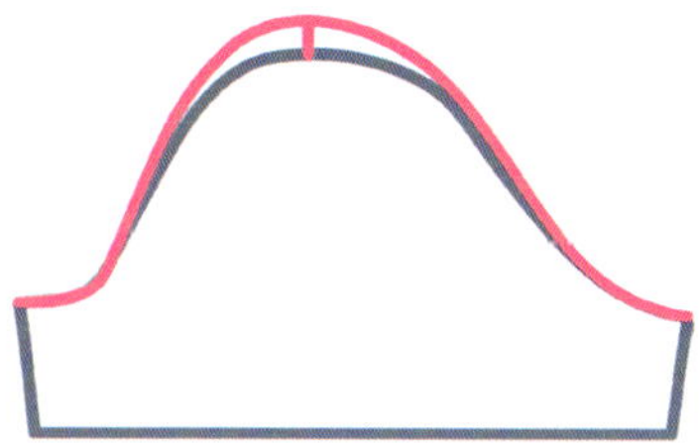

FALTEN DURCH GROSSE BRUST

Wenn dein Oberteil unter der Achsel kneift, kann das auch daran liegen, dass du für deine Brust mehr Platz brauchst. Insbesondere wenn deine Brust größer ist als ein B-Körbchen. Dann brauchst du nicht unter der Achsel mehr Platz, sondern im Vorderteil. Die Methode zur Anpassung nennt sich FBA (Full Bust Adjustment), siehe Seite 98.

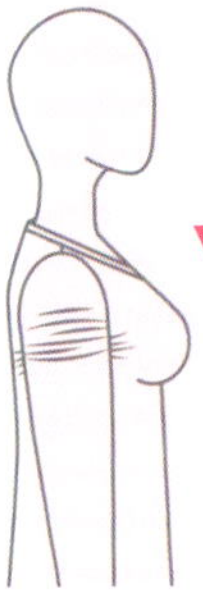

ARMLOCH VERGRÖSSERN/VERKLEINERN

Wenn bei deinem Oberteil der Armausschnitt insgesamt zu klein oder zu groß ist, kannst du das Armloch komplett vergrößern bzw. verkleinern.

WERT FÜR DIE ANPASSUNG AUSMESSEN

Miss erst von der Schulter nach vorne bis zu der Stelle, wo das Oberteil in der Achsel sitzen soll. Und dann noch einmal von der Schulter nach hinten bis zum Achselpunkt. Vergleiche diese Werte mit deinem Schnittmuster und du weißt, um wie viel Zentimeter du das Armloch vergrößern bzw. verkleinern musst.

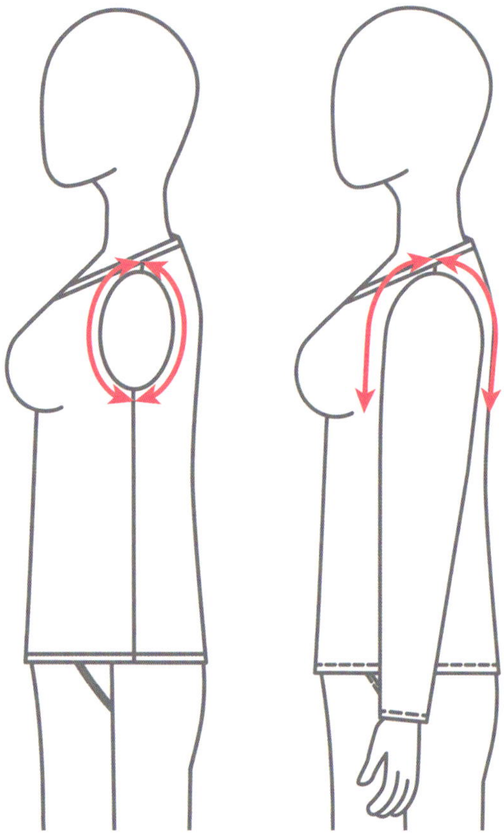

VORDER- UND RÜCKTEIL AN ACHSEL ANPASSEN

Die Differenz zwischen der gemessenen Länge und der Länge im Schnitt gibt dir vor, um wie viel Zentimeter du deinen Schnitt anpassen musst.

NAHTZUGABE BERÜCKSICHTIGEN

Wenn bei deinem Schnittmuster bereits die Nahtzugabe im Schnitt enthalten ist, musst du auf der Nahtlinie messen und nicht auf der Kante des Schnittmusters. Enthält dein Schnittmuster zum Beispiel 1,5 cm Nahtzugabe, ist die Nahtlinie 1,5 cm vom Rand entfernt.

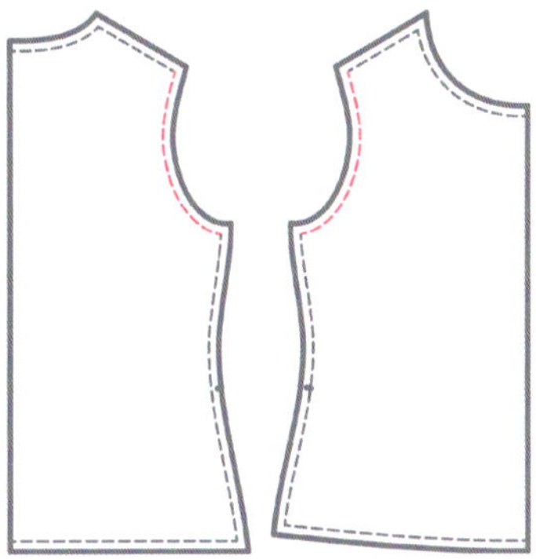

ARMLOCH VERGRÖSSERN

Wenn du das Armloch vergrößern möchtest, gibst du am Vorderteil den errechneten Wert seitlich an der Achsel dazu und lässt die neue Linie harmonisch zur Seitennaht auslaufen. Dasselbe wird dann auch am Rückteil gemacht.

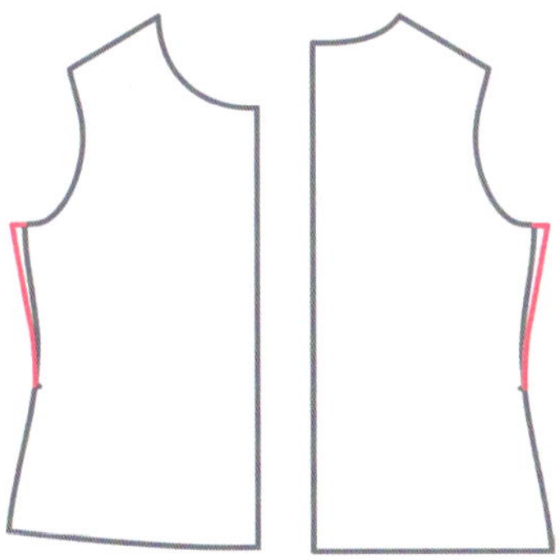

ARMLOCH VERKLEINERN

Wenn du das Armloch verkleinern möchtest, dann nimmst du den errechneten Wert an Vorder- und Rückteil jeweils der Achsel seitlich weg und zeichnest eine neue harmonische Verbindung zur Seitennaht ein.

ÄRMEL AN ACHSEL ANPASSEN

Damit der Ärmel in das Armloch passt, musst du auch am Ärmel den jeweils errechneten Wert dazugeben bzw. wegnehmen. Zeichne dafür am Ärmel jeweils am vorderen und am hinteren Achselpunkt ein, um wie viel Zentimeter du anpassen möchtest und verbinde die neuen Achselpunkte harmonisch mit der Rundung des Ärmels.

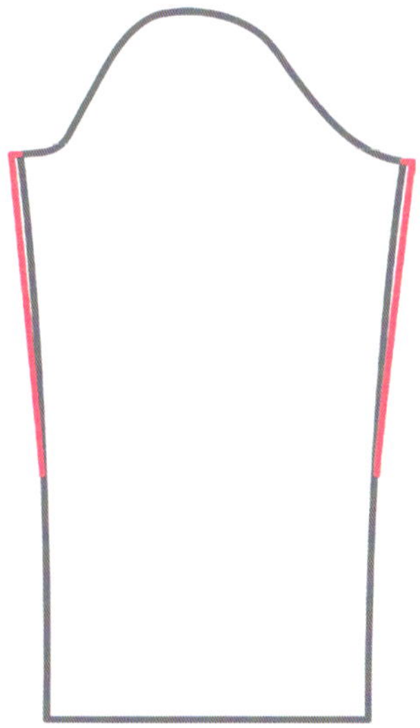

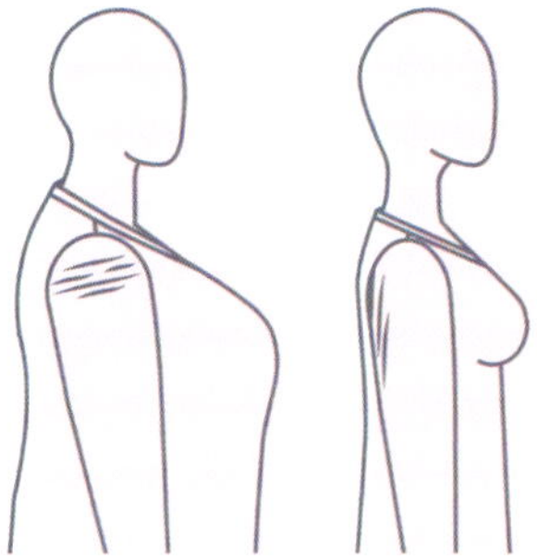

ARMKUGEL ABFLACHEN/ ERHÖHEN

Wenn der Ärmel bei deinem Oberteil am Oberarm Falten wirft, kannst du durch das Abflachen oder Erhöhen der Armkugel eine bessere Passform erhalten.

ÄRMEL WIRFT SENKRECHTE FALTEN: ARMKUGEL ERHÖHEN

Wirft der Ärmel Längsfalten, dann ist die Armkugel zu flach und du musst sie etwas erhöhen. Denn ist im oberen Teil der Armkugel zu wenig Länge, dehnt sich der Stoff am Oberarm und kann sich nicht glattlegen.

ÄRMEL WIRFT WAAGERECHTE FALTEN: ARMKUGEL ABFLACHEN

Wirft der Ärmel hingegen Querfalten, dann muss man die Armkugel abflachen. Denn ist im oberen Teil der Armkugel zu viel Länge, staucht sich der Stoff am Oberarm und kann sich nicht glattlegen.

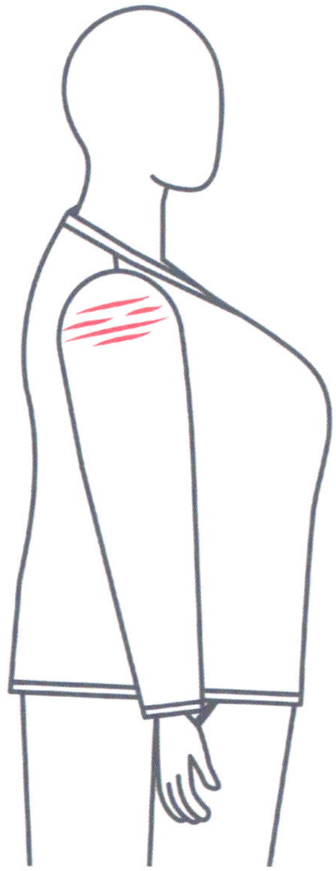

ARMKUGEL ERHÖHEN: RUNDUNG STEILER ZEICHNEN

Um die Armkugel zu erhöhen, suchst du dir den höchsten Punkt der Armkugel. Dies ist der Punkt, der später auf die Schulternaht trifft. Zeichne dort einen neuen höchsten Punkt ein. In der Regel reichen hier bereits 0,5–1,5 cm Erhöhung aus. Der neue höchste Punkt wird dann mit den ursprünglichen Linien nach vorne und hinten harmonisch verbunden.

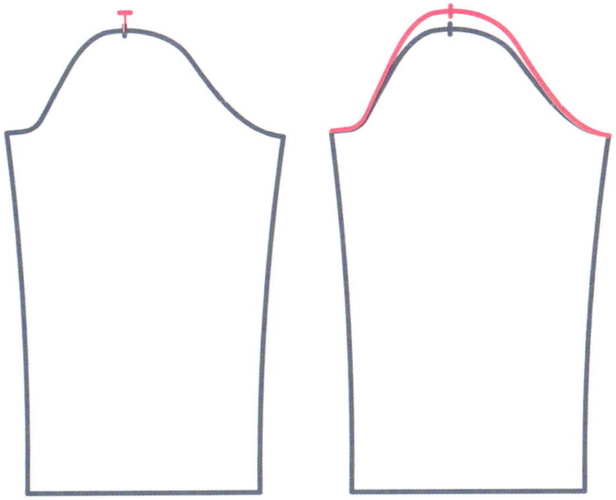

Bei einem bereits fertig eingenähten Ärmel kannst du den Ärmel an der Rundung auftrennen und an der Ärmelrundung etwas Nahtzugabe herauslassen. Dadurch erhältst du etwas mehr Stoff für die Schulter und die senkrechten Falten werden minimiert.

ARMKUGEL ABFLACHEN: RUNDUNG KÜRZER ZEICHNEN

Um die Armkugel abzuflachen, suchst du dir den höchsten Punkt der Armkugel. Zeichne dort einen neuen höchsten Punkt ein, der etwa 0,5–1,5 cm unterhalb des ursprünglichen Schulterpunktes liegt. Der neue, flachere höchste Punkt wird dann mit den ursprünglichen Linien nach vorne und hinten harmonisch verbunden.

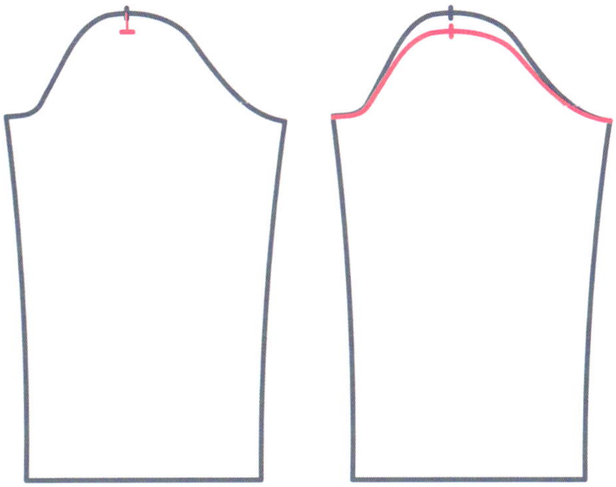

Bei einem bereits fertig eingenähten Ärmel kannst du den Ärmel an der Rundung auftrennen und an der Rundung den Ärmel etwas mehr in die Schulternaht schieben. Dadurch nimmst du Stoff aus der Schulter und der Ärmel kann sich ohne die waagerechten Falten glatter anlegen.

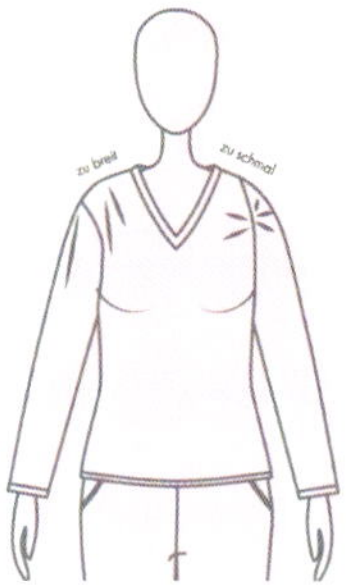

SCHULTER ENGER/WEITER MACHEN

Wenn du eher schmale oder sehr breite Schultern hast und dein Oberteil hinten an den Schulterblättern oder unter den Achseln spannt, kann die Schulternaht zu kurz sein. Fällt die Schulternaht ungewollt über die Schulter, dann ist sie zu lang.

Bei einem Schnittmuster sollte der Ärmel deines Oberteils genau über dem „Knubbel" deiner Schulter anfangen. Es gibt aber auch Oberteile, bei denen die Ärmelansatznaht absichtlich über die Schulter fällt („oversize"). Beim Basic-Shirt und Sweatshirt sind die Schultern nicht überschnitten oder oversized, sondern die Nähte sollten auf dem Schulterpunkt sitzen.

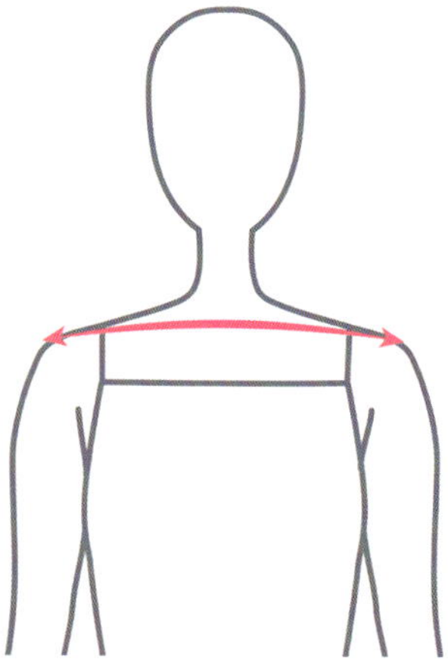

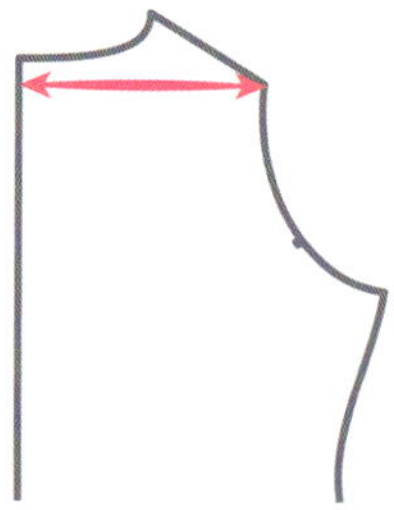

SCHULTERBREITE MESSEN UND VERGLEICHEN

Um herauszufinden, um wie viele Zentimeter du das Schnittmuster an den Schultern enger oder breiter machen musst, vergleiche deine Schulterbreite mit dem Schnittmuster. Miss dafür einmal von dem einen „Knubbel" über den Nacken bis zum anderen „Knubbel". Stehe dabei locker, so als würdest du auf jemanden warten. Teile diesen Wert dann durch 2.

Um bei deinem Schnittmuster die Schulterbreite auszumessen, miss vom Schulterpunkt waagerecht bis zur Bruchkante bzw. hinteren Mitte. Vergleiche diese Länge mit deinem Wert. Um die entstandene Differenz kannst du dein Schnittmuster an den Schultern enger oder breiter machen.

HILFSLINIEN EINZEICHNEN UND SCHNITTMUSTER AUFSCHNEIDEN

Um die Schulterbreite anzupassen, zeichnest du sowohl beim Vorder- als auch beim Rückteil eine senkrechte Linie circa 2,5 cm von der äußeren Ecke (Ärmel-Schulter-Ecke) parallel zur vorderen Mitte ca. 20 cm nach unten. Danach zeichnest du im oberen Drittel des Armausschnittes eine waagerechte Linie, die im rechten Winkel auf die senkrechte Linie trifft.

Im nächsten Schritt schneidest die senkrechte Linie von oben ein. Danach schneidest du die waagerechte Linie durch.

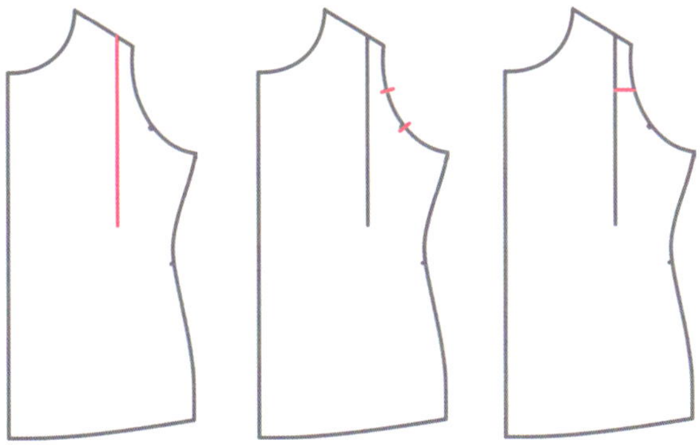

SCHULTERN ENGER ODER BREITER MACHEN

Wenn du das Schnittmuster an den Schultern enger machen möchtest, dann schiebst du das kleine Teil der Schulter um die gewünschte Länge zur Mitte und verkürzt dadurch die Schulternaht.

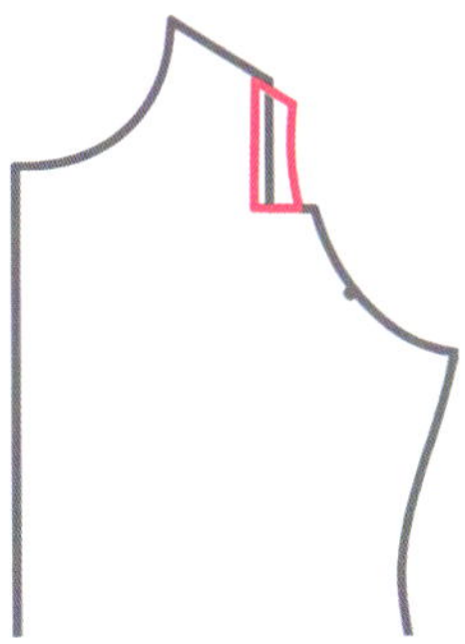

Möchtest du die Schultern breiter machen, schiebst du das kleine Stück nach außen.

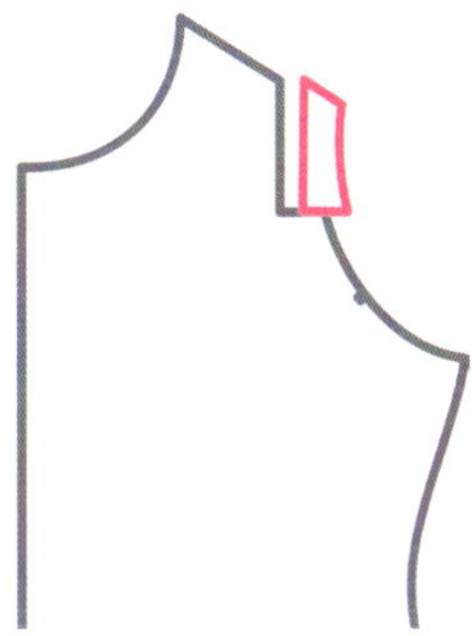

SCHULTERNAHT NEU ZEICHNEN

Durch das Verschieben der Schulter verläuft die Schulternaht jetzt nicht mehr gleichmäßig zum Armloch. Und auch das Armloch passt nicht mehr 100 % übereinander. Deswegen müssen die Schulternaht und auch das Armloch neu harmonisch eingezeichnet werden.

Der Ärmelschnitt muss in der Regel nicht verändert werden.

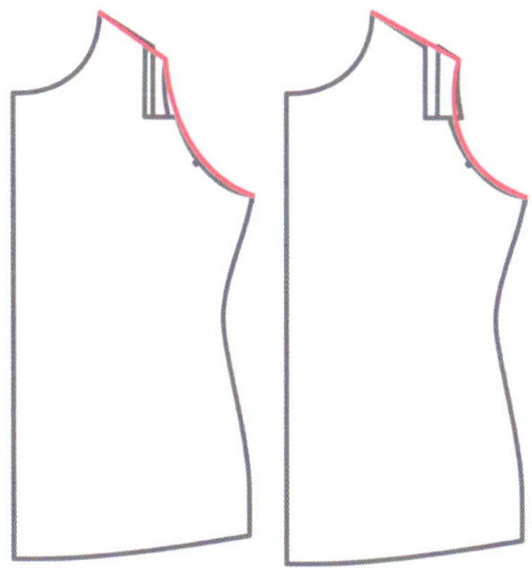

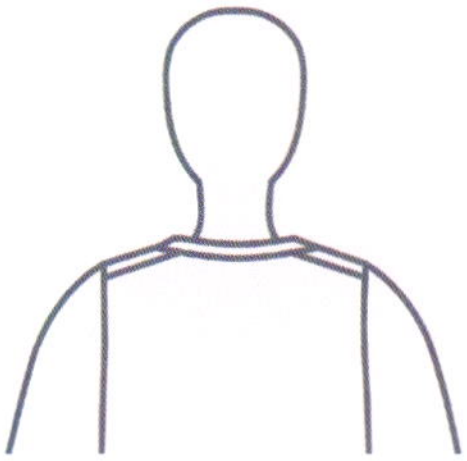

SCHULTERNAHT VERDECKEN

Wenn dein Oberteil beim Tragen immer nach hinten zieht, kannst du die Schulternaht ein wenig nach vorne verlegen und dem Oberteil so etwas mehr Halt verschaffen.

Hast du ein Schnittmuster mit einer Kapuze gewählt, kann es auch an dem Gewicht der Kapuze liegen, dass sich der Ausschnitt vorne immer nach oben zieht. Teste in diesem Falle erst, ob das Problem auch dann besteht, wenn du den Pulli ohne die Kapuze trägst.

SITZ DER SCHULTERNAHT

Die Schulternaht sitzt in der Regel auf der höchsten Stelle der Schulter. An diesem Punkt sollte auch der höchste Punkt der Ärmelrundung sein.

Es gibt auch Schnittmuster, bei denen die Schulternaht bereits etwas nach vorne verlegt wurde. Auch bei diesen Schnitten trifft der höchste Punkt der Ärmelrundung auf den höchsten Punkt der Schulter. Die Markierung für die Schulternaht ist dann nicht der höchste Punkt der Ärmelrundung, sondern etwas weiter vorne.

DIFFERENZWERT ERMITTELN

Um zu wissen, um wie viel du die Schulternaht nach vorne verlegen musst, markierst du am verrutschten Oberteil am Vorderteil den höchsten Punkt deiner Schulter. Die Differenz zur verrutschten Schulternaht ist der Wert, um den du die Naht nach vorne verlegst. In der Regel sollten das nicht mehr als 1–1,5 cm sein.

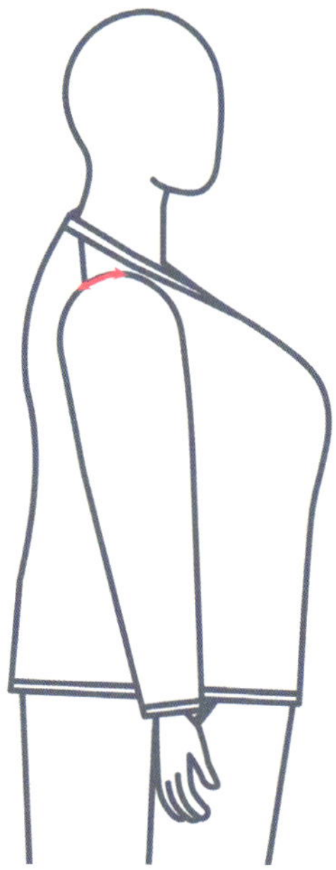

VORDERES SCHULTERSTÜCK ABTRENNEN UND AN RÜCKTEIL KLEBEN

Schneide das Schulterstück parallel zur Schulternaht um die gewünschte Länge auseinander.

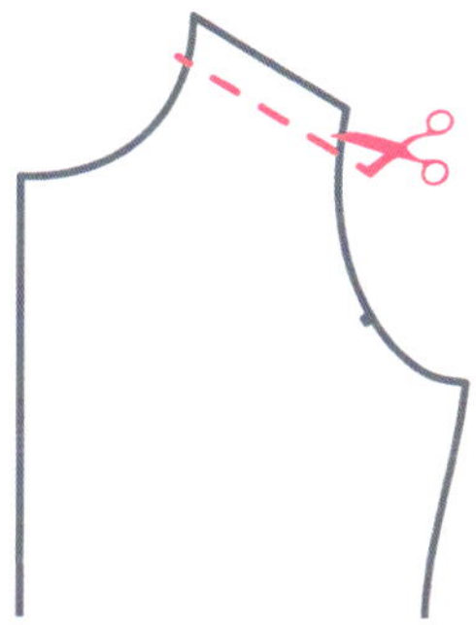

Klebe das abgeschnittene Stück dann an das Rückteil.

Enthält dein Schnittmuster bereits eine Nahtzugabe, dann musst du diese vorher entfernen und nach dem Zusammenkleben wieder hinzufügen.

MARKIERUNG DER SCHULTERNAHT IM ÄRMEL ANPASSEN

Der höchste Punkt der Ärmelrundung trifft jetzt nicht mehr auf die Schulternaht, sondern auf den Punkt des Rückteils, wo das vordere Schulterstück angeklebt wurde. Zeichne dir daher am Ärmel eine neue Markierung ein, an dem der Ärmel auf die Schulternaht trifft. Hast du z. B. die Schulter um 1 cm nach vorne verlegt, liegt die neue Markierung ebenfalls 1 cm von der höchsten Stelle der Ärmelrundung entfernt in Richtung Vorderteil.

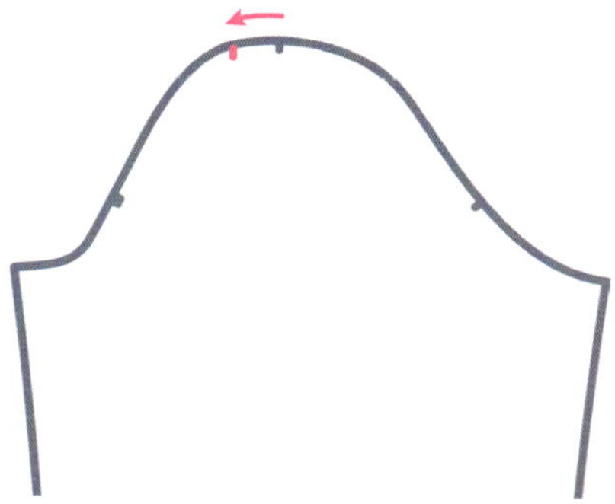

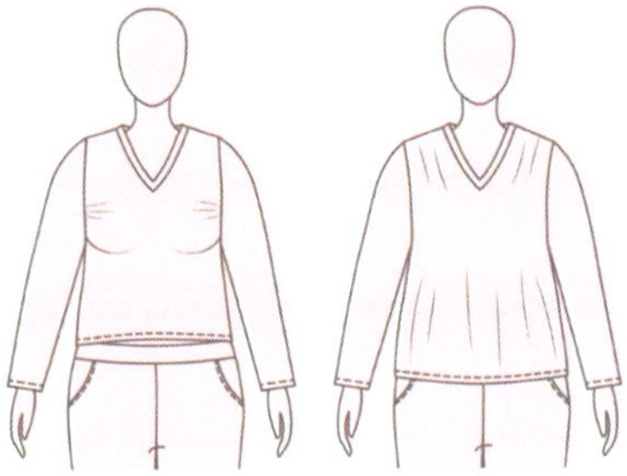

GROSSE BRUST: FULL BUST ADJUSTMENT

Wenn deine Brust deutlich größer als ein B-Körbchen ist, kannst du ihr mit der Full-Bust-Adjustment-Methode (FBA) mehr Platz schaffen.

TYPISCHE FEHLER BEI DER GRÖSSENWAHL MIT GROSSER OBERWEITE

Die meisten Schnittmuster sind für ein jugendliches B-Körbchen ausgelegt. Das bedeutet, dass alle Frauen, die eine größere Brust haben, dies bei der Größenwahl berücksichtigen müssen, damit das Oberteil später auch gut sitzt. Da in den meisten Maßtabellen nur das Maß für Brust, Taille und Hüfte angegeben ist, führt das bei Frauen mit einer größeren Oberweite dazu, dass die Ausgangsgröße anhand des Brustumfangs stets falsch gewählt wird.

OBERTEIL ZU GROSS UND SACKIG

Wenn die Größe nach dem Brustumfang gewählt wird, passt das Oberteil vermeintlich nur an der Brust, der Rest ist aber viel zu groß und sackig. Dann beginnt man, die Schultern einzurücken, das Armloch zu verkleinern und den Rücken zu verschmälern. Dabei muss es genau anders herum sein. Alles passt, nur an der Brust ist zu wenig Stoff. Mit der FBA schafft man im Vorderteil für die Brust mehr Platz, der Rest bleibt unverändert.

OBERTEIL SPANNT AN DER BRUST UND IST VORNE ZU KURZ

Passt das Oberteil an den Schultern, den Armen und im Rücken gut, aber es spannt vorne an den Brüsten, unter der Achsel kneift es und der Saum ist zu kurz, hast du zwar grundsätzlich die richtige Konfektionsgröße im Schnitt gewählt, aber die größere Oberweite nicht berücksichtigt. Auch dann kannst du mit der FBA nur am Vorderteil mehr Platz schaffen, ohne den Schnitt insgesamt anpassen zu müssen.

HINWEIS

*Bei den **einfach nähen**-Schnittmustern wird bereits bei der Konstruktion auf 3 Cup-Größen gradiert. Hier brauchst du keine extra Mehrweite für die Brust hinzufügen.*

RICHTIGE GRÖSSE MIT OBERBRUSTUMFANG WÄHLEN

Um in einem Schnittmuster trotz großer Oberweite die richtige Ausgangsgröße zu finden, wählst du die Größe nicht nach deinem Brust-, sondern deinem Oberbrustumfang aus und fügst diesem Wert dann pauschal 5 cm dazu. Das entspricht ungefähr dem Wert, der für ein B-Körbchen für die Brust in der Konstruktion berücksichtigt wurde.

Bei den Schnittmustern von *einfach nähen* haben wir die FBA schon für dich bei der Schnittkonstruktion durchgeführt. Es gibt 3 unterschiedliche Cupgrößen, sodass für die meisten Frauen immer ausreichend Platz für die Brust vorhanden sein sollte. Hier wählst du dann die Konfektionsgröße nach deinem Oberbrustumfang aus und bestimmst danach mit deinem Brustumfang den entsprechenden Schnittbogen.

OBERBRUST- UND BRUSTUMFANG FÜR FBA AUSMESSEN

Für die FBA musst du wissen, um wie viel Zentimeter du im Vorderteil mehr Platz brauchst. Der Wert ergibt sich aus der Differenz zwischen Brust- und Oberbrustumfang. Wenn du immer einen BH trägst, solltest du diesen auch beim Ausmessen tragen.

BRUSTUMFANG MESSEN

Für den Brustumfang wird das Maßband in Höhe der breitesten Stelle der Brust einmal waagerecht um den Körper geführt. Stehe dabei locker, so wie du z.B. stehst, wenn du auf jemanden wartest.

OBERBRUSTUMFANG MESSEN

Führe danach das Maßband oberhalb der Brust in Höhe des Brustansatzes um den Körper. Das Maßband bleibt im Rücken auf gleicher Höhe wie beim Brustumfang und wird von dort schräg nach vorne geführt.

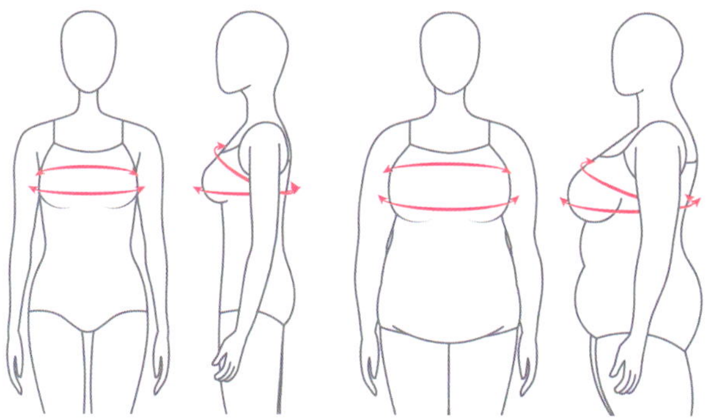

DIFFERENZ ZWISCHEN OBERBRUST- UND BRUSTUMFANG ERRECHNEN

Für die FBA brauchst du die Hälfte der Differenz zwischen Brust- und Oberbrustumfang.

Beispiel: BU 115 cm – OBU 109 cm = 6 cm
Differenz 6 cm : 2 = 3 cm

Dein Schnittmuster sollte also um 3 cm für die Brust weiter gemacht werden.

BRUSTPUNKT EINZEICHNEN

Für die FBA brauchst du noch deinen Brustpunkt. Das ist der Punkt, an dem die größte Wölbung deiner Brust ist. Bei Mehrgrößenschnitten ist der Brustpunkt immer für ein jugendliches B-Körbchen ausgelegt. Der Brustpunkt kann aber je nach Brustform und Alter tiefer und/oder weiter seitlich liegen und sollte daher gleich mit angepasst werden.

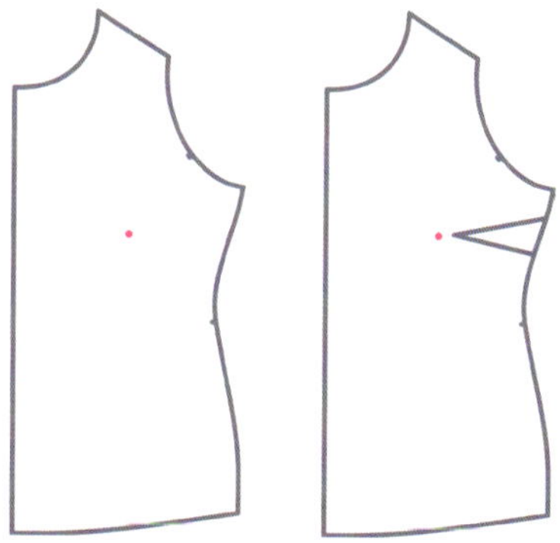

Miss von deiner Schulter gerade zum breitesten Punkt deiner Brust und dann noch einmal von diesem Punkt bis zur Seite und zeichne dir die Position im Vorderteil ein. Du kannst ihn auch ganz einfach direkt einzeichnen, ohne zu messen. Lege dafür das Schnittmuster oben an deiner Schulter an deinen Oberkörper auf, sodass die Bruchkante senkrecht zwischen deinen Brüsten entlangläuft. Markiere dir den stärksten Punkt deiner Brust direkt auf dem Schnitt.

LINIEN EINZEICHNEN UND VORDERTEIL AUFSCHNEIDEN

Als Erstes zeichnest du dir parallel zur vorderen Mitte eine senkrechte Linie vom Saum bis zum Brustpunkt.

Als Nächstes verbindest du das untere Drittel des Armlochs mit dem Brustpunkt und zeichnest zusätzlich vom Brustpunkt im rechten Winkel eine waagerechte Linie zur Seitennaht ein. Wenn bereits ein Abnäher im Schnitt eingezeichnet ist, sollte die waagerechte Linie mittig durch den Abnäher verlaufen.

Die senkrechte Linie schneidest du von unten über den Brustpunkt bis ins Armloch ein. Hier das Armloch nicht durchschneiden, sondern ein paar Millimeter davor enden. Die waagerechte Linie schneidest du von außen nach innen auf und endest kurz vor dem Brustpunkt.

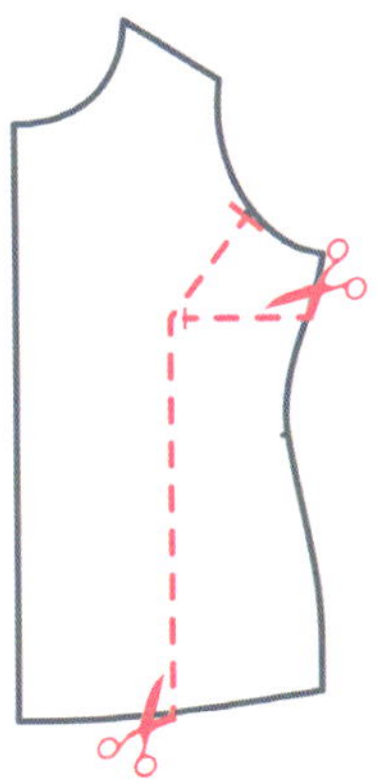

VORDERTEIL AUSEINANDERZIEHEN

Jetzt ziehst du das untere äußere Teil parallel zum Saum nach unten, sodass sich ein senkrechter Spalt bildet. Ziehe den Schnitt so lange auseinander, bis der Spalt den von dir errechneten Differenzwert ergibt; im Beispiel waren es 3 cm. Dabei geht die waagerechte Linie ebenfalls auf und ein Abnäher entsteht oder der bestehende Abnäher wird größer. Gleichzeitig „verformt" sich auch das Armloch etwas. Das zieht sich aber wieder gerade, sobald später der Abnäher geschlossen ist.

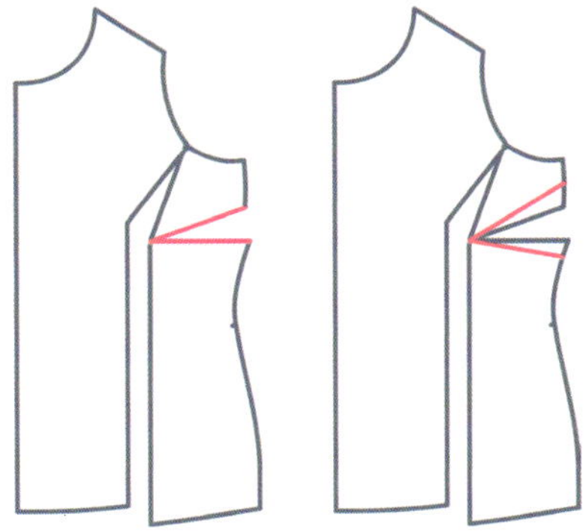

SAUMLÄNGE ANPASSEN

Durch das Aufziehen ist der äußere Teil unten etwas länger geworden. Das ist auch richtig so, denn durch die größere Brust muss das Vorderteil vorne länger sein.

Damit der Saum wieder gleich lang ist, wird das Schnittmuster oberhalb des kürzeren Saumes waagerecht durchtrennt und nach unten geschoben, bis der Saum wieder auf einer einheitlichen Länge ist.

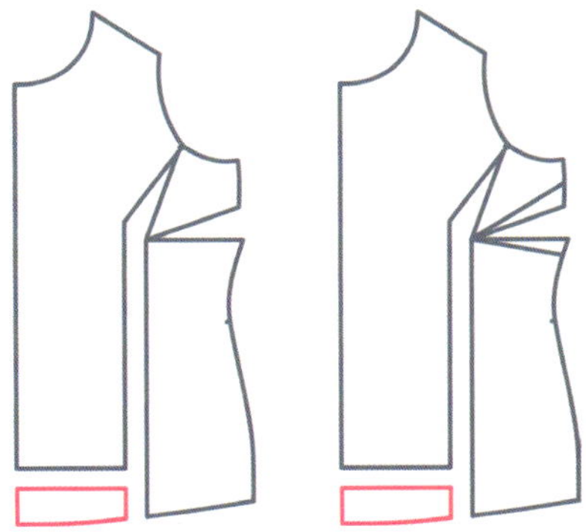

ABNÄHERSPITZE ZUM BRUSTPUNKT VERLEGEN

Durch das Auseinanderziehen ist ein Abnäher entstanden, dessen Spitze jetzt aber nicht mehr zum Brustpunkt zeigt, sondern tiefer liegt. Deswegen muss die Position des Abnähers jetzt verschoben werden. Die Spitze des Abnähers soll in Höhe des Brustpunktes liegen und – je nach Größe – zwischen 2 und 5 cm vor dem Brustpunkt enden.

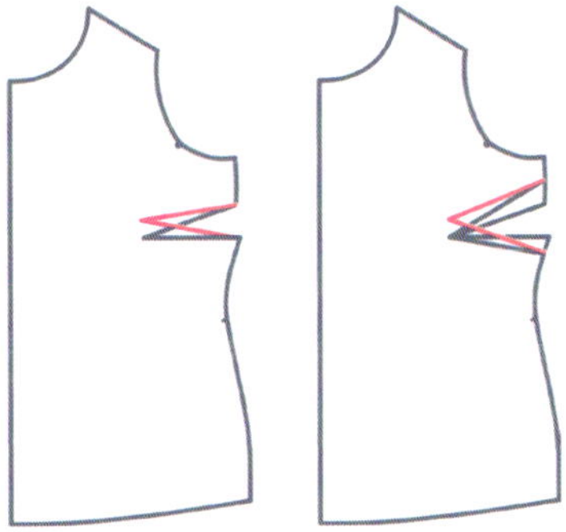

BEI KÖRPERNAHEN SCHNITTEN WEITE AM BAUCH MIT ABNÄHER WIEDER WEGNEHMEN

Das Oberteil hat durch die FBA vorne mehr Weite bekommen. Wenn du einen körpernahen Schnitt hast und möchtest, dass das Oberteil unter der Brust wieder körpernah wird, dann kannst du die Mehrweite mithilfe eines weiteren Abnähers wegnehmen. Dafür zeichnest du dir vom Saum aus bis einige Zentimeter unterhalb der Brust einen Abnäher ein. Der durch die FBA entstandene Spalt wird durch den Abnäher wieder geschlossen und so am Bauch die Weite wieder weggenommen.

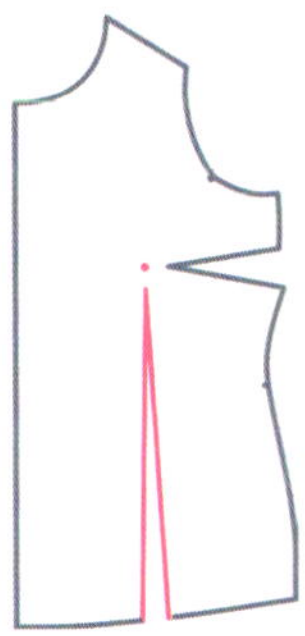

ABNÄHERDACH ZEICHNEN

Damit später die Stoffkanten am seitlichen Abnäher bündig aufeinanderpassen, muss ein sogenanntes „Abnäherdach" eingezeichnet werden.

PAPIER UNTER DEN ABNÄHER LEGEN

Lege hierfür unter den Abnäher ein Stück Papier, das ein paar Zentimeter über die Kante hinaus steht.

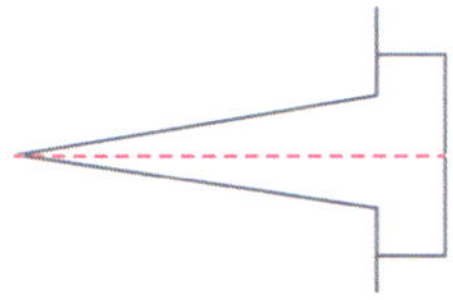

ABNÄHER FALTEN

Falte das Schnittmuster so zusammen, dass die Schenkel des Abnähers aufeinandertreffen und so liegen, wie sie später im zusammengenähten Zustand aussehen. Das dahinter geklebte Papier wird mit gefaltet.

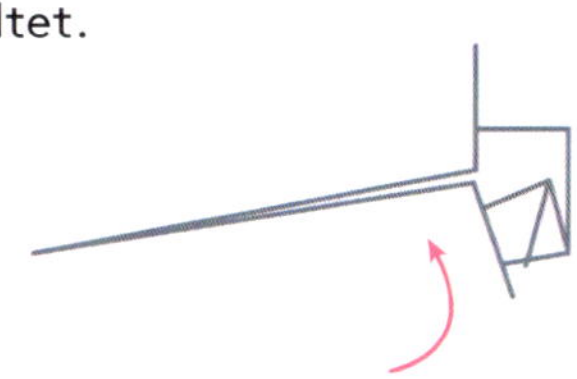

ÜBERSTEHENDES PAPIER ABSCHNEIDEN

Schneide das überstehende Papier, das hinter den Abnäher geklebt wurde, an der Kante des Schnittmusters entlang weg.

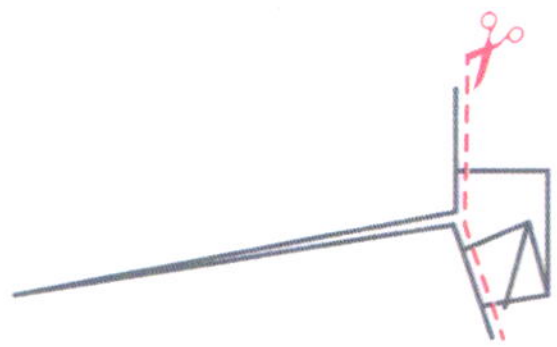

SCHNITTTEIL MIT FERTIGEM ABNÄHERDACH AUSSCHNEIDEN

Wenn du das Schnittmuster wieder auseinanderklappst, ist an der Kante das Abnäherdach entstanden. Das Schnittmuster wird nun einschließlich des Abnäherdaches ausgeschnitten.

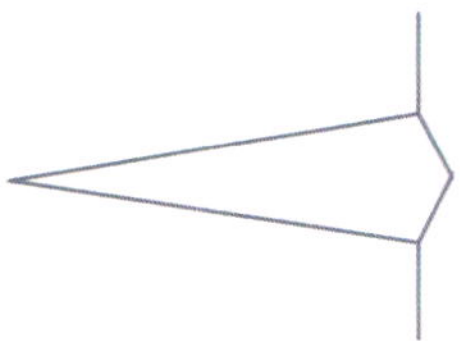

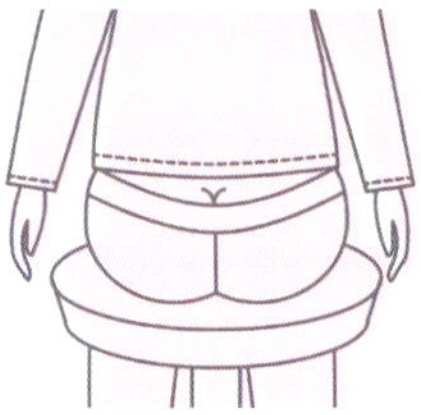

LEIBHÖHE FÜR MEHR PO VERLÄNGERN

Wenn deine Hose im Sitzen hinten zu kurz ist, wurde entweder im Schnitt zu wenig Leibhöhe gradiert, oder du hast mehr Po, als standardmäßig bei Schnittmustern berücksichtigt wird.

TATSÄCHLICHE LEIBHÖHE AM SCHNITTMUSTER AUSMESSEN

Als Erstes musst du ermitteln, wie sich deine tatsächliche Leibhöhe von der deines Schnittes unterscheidet. Setz dich gerade auf einen Stuhl und miss von deiner Taille bzw. dem Punkt, an dem der Hosenbund später sitzen soll, einmal von der Taille über deinen Po bis zum Schrittkreuz (hintere Leibhöhe).

Vergleiche diese Werte mit dem Schnittmuster. **Achtung:** wird bei deinem Schnittmuster noch ein Bund angenäht, muss dieser zur Länge entsprechend berücksichtigt werden.

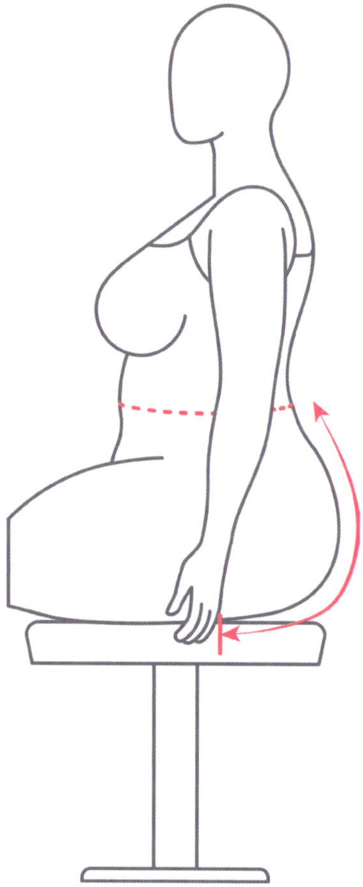

LEIBHÖHE EINSCHNEIDEN UND LÄNGE AM PO VERÄNDERN

Damit du dein Schnittmuster nun anpassen kannst, schneidest du die Linie der Leibhöhe von der inneren Schrittnaht ausgehend ein. **Achtung:** Nur ein-, nicht durchschneiden!

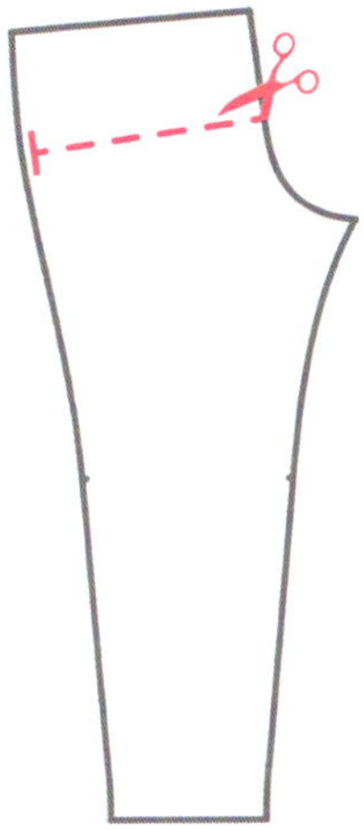

Jetzt kannst du das obere Teil so weit wie deine benötigte Weite aufdrehen. Im Anschluss kannst du die Schrittnaht im Verlauf noch einmal schön nachzeichnen.

HOSE HINTEN MEHR ALS 5 CM ZU KURZ: MEHRFACH EINSCHNEIDEN

Wenn deine Hose hinten mehr als 5 cm zu kurz ist, dann solltest du die Länge, die du hinzugeben möchtest, auf mehrere Keile verteilen.

Dazu schneidest du das Schnittteil für die Hinterhose im oberen Drittel 2 x parallel zur Bundkante ein und schiebst die einzelnen Teile um jeweils die Hälfte der Länge, die du insgesamt erhöhen möchtest, auseinander. Ist deine Hose hinten z. B. um 8 cm zu kurz, schiebst du beide Schnitte um jeweils 4 cm auseinander.

Danach werden sowohl die Schrittnaht als auch die Seitennaht in einem harmonischen Verlauf neu eingezeichnet.

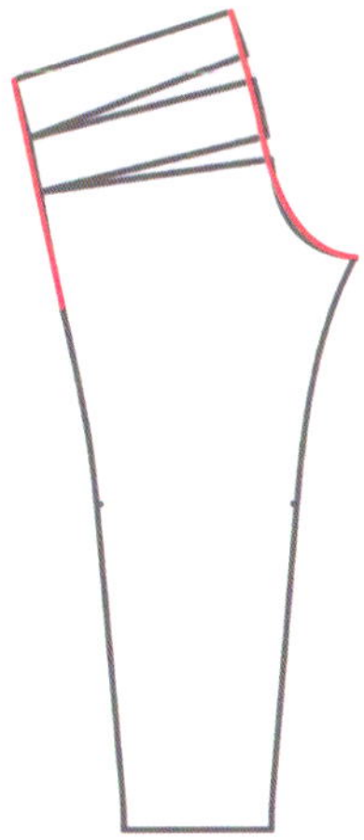

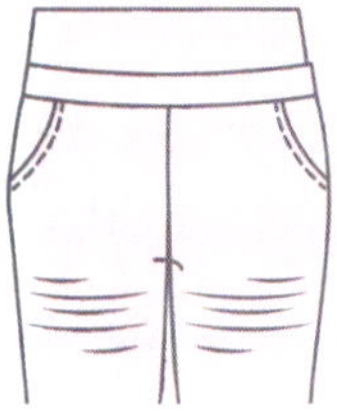

OBERSCHENKEL WEITER/ENGER MACHEN

Wenn deine Hose am Oberschenkel spannt und sich Querfalten bilden, ist das ein Zeichen dafür, dass deine Hose dort mehr Weite benötigt. Wirft sie starke Längsfalten am Oberschenkel oder ist sie dir dort gefühlt zu weit, braucht die Hose am Oberschenkel weniger Weite.

VERGLEICHE OBERSCHENKELUMFANG MIT HOSENBEINWEITE

Zuerst musst du deinen Oberschenkelumfang ausmessen. Gemessen wird an der stärksten Stelle und am besten im Sitzen. Abhängig davon, wie weit oder eng du deine Hose am Oberschenkel haben möchtest, kannst du dann noch ein paar Zentimeter hinzufügen oder wegnehmen.

Als Nächstes misst du den Oberschenkel deines Schnittmusters. Dafür misst du mittig zwischen Hüft- und Knielinie jeweils am Vorder- und am Rückteil und addierst die Werte. Den Wert deines Schnittmusters kannst du nun von der deines eigenen Oberschenkels abziehen. Jetzt weißt du, wie viel Weite du hinzufügen oder entfernen musst.

Achtung: Wenn du eine Hose aus einem dehnbaren Stoff nähst, dann solltest du das auch bei der Anpassung berücksichtigen und von deinem Wert ein paar Zentimeter abziehen.

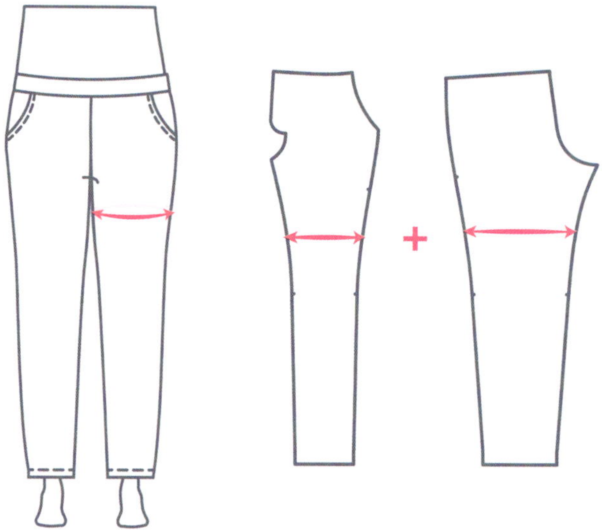

SCHNITT AM OBERSCHENKEL AUFSCHNEIDEN

Als Erstes schneidest du entlang der Knielinie den Schnitt sowohl an der Vorderhose als auch an der Hinterhose parallel zum Saum komplett durch. Von der unteren Kante ziehst du dir mittig im 90-Grad-Winkel eine senkrechte Linie hoch bis zu deinem Bund.

Danach zeichnest du eine waagerechte Linie in Höhe der stärksten Stelle deines Oberschenkels.

Dann schneidest du die senkrechte Linie von unten bis kurz vor den Bund auf und die waagerechten Linien jeweils von der Mitte bis kurz vor Ende.

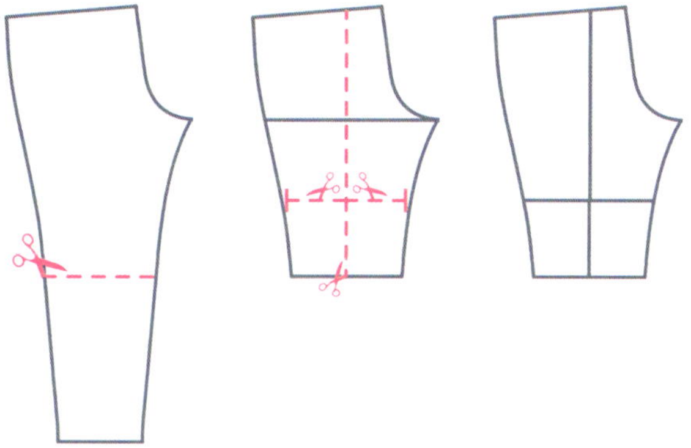

SCHNITTTEILE AUSEINANDERZIEHEN ODER ZUSAMMENSCHIEBEN

Wenn du die Hose am Oberschenkel weiter machen möchtest, dann schiebst du die Schnittteile in der Mitte nach außen, sodass ein Spalt in Form einer Raute entsteht. Dieser Spalt beträgt beim Kreuz die Hälfte des Wertes, den du insgesamt dazugeben möchtest.

Möchtest du die Hose am Oberschenkel enger machen, dann schiebst du die Schnittteile ineinander, bis sie in der Mitte beim Kreuz die Hälfte des Wertes überlappen.

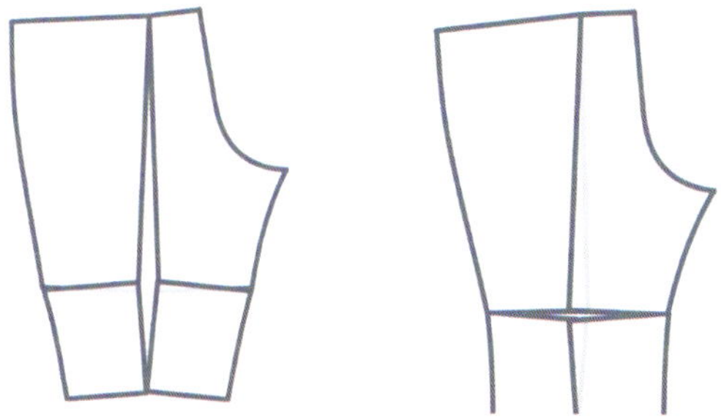

TEILE ZUSAMMENKLEBEN UND SEITENNAHT ANGLEICHEN

Wenn du die Änderungen vorgenommen hast, kannst du alle Teile wieder zusammenkleben. Die Seiten treffen dabei an den Ecken der Schnittkante aufeinander. Zeichne dann eine neue, harmonisch verlaufende Seitennaht ein.

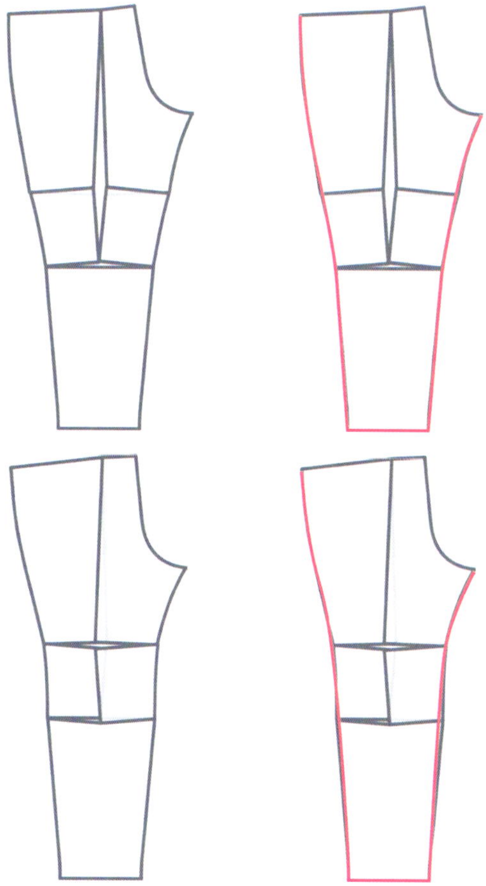

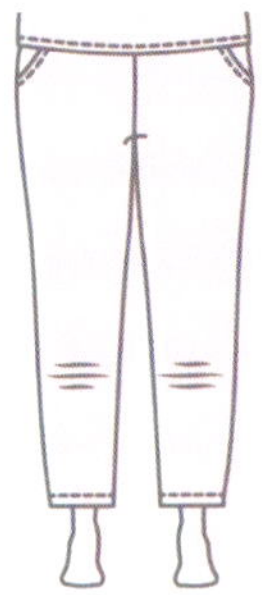

WADEN WEITER/ENGER MACHEN

Wenn du kräftige Waden hast, kann es passieren, dass die Hose an der Wade zu eng ist und unangenehm spannt. Hier gibt es zwei Möglichkeiten, dein Schnittmuster anzupassen.

WADE AUSMESSEN UND MIT SCHNITT VERGLEICHEN

Bevor du anfängst, deinen Schnitt anzupassen, musst du erst einmal herausfinden, wie viel mehr Platz deine Wade benötigt. Dafür kannst du deine Wade an der stärksten Stelle messen und mit der des Hosenschnittmusters vergleichen. Die Differenz ist dann der Wert, um wie viel dein Schnittmuster angepasst werden muss.

Achtung: Für die Anpassung kommt es auch darauf an, aus welchem Material die Hose genäht wird. Bei dehnbaren Stoffen müssen die Hosenbeine nicht um den vollständigen Wert weiter gemacht werden, sondern weniger, da der Stoff ja noch um einiges nachgibt. Grob kannst du mit einem Faktor von 0,8 rechnen.

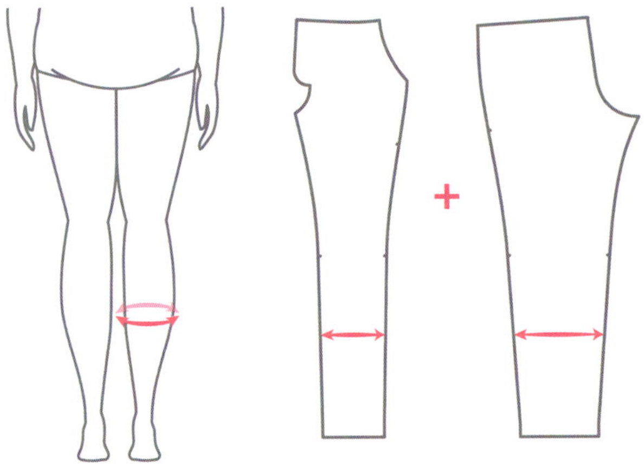

METHODE 1: MINIMALE ANPASSUNG BIS 5 CM

Wenn deine Hose an der Wade nur minimal zu eng ist, dann reicht es, wenn du nur an der Hinterhose etwas mehr Weite schaffst. Das sollten bei dieser Methode aber nicht mehr als 5 cm sein, da sich sonst die Form zu stark verändert.

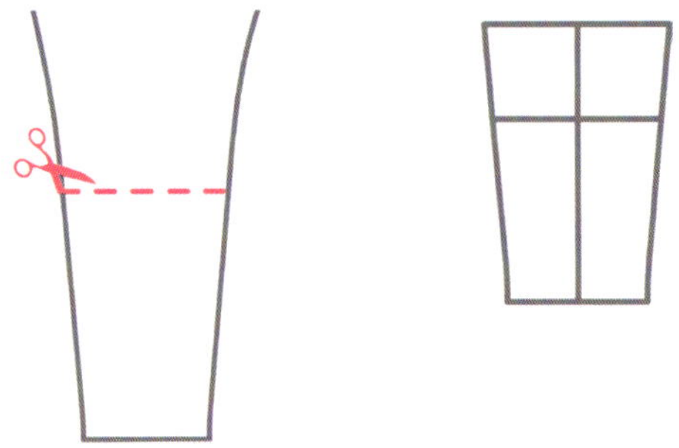

HOSE AM KNIE WAAGERECHT ZUM SAUM DURCHSCHNEIDEN

Dafür schneidest du in Höhe des Knies die Hinterhose einmal waagerecht zum Saum komplett durch. Dann zeichnest du dir in der Mitte des unteren Teils im rechten Winkel eine senkrechte Linie ein und eine weitere waagerecht im oberen Drittel auf Höhe der Wade.

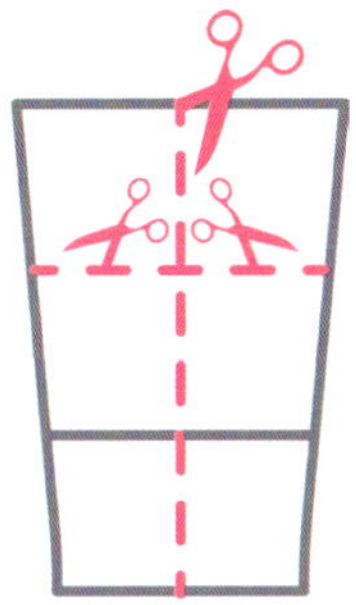

UNTERES HOSENBEIN AUFSCHNEIDEN UND AUSEINANDER ZIEHEN

Als Nächstes schneidest du die senkrechte Linie von oben bis kurz vor dem Saum auf. Die waagerechte Linie wird von außen bis kurz vor die senkrechte Linie eingeschnitten.

Jetzt kannst du das Schnittteil in der Mitte auseinanderziehen. Am oberen Ende bleiben die Kanten aneinander. Dadurch springt der Schnitt an den Seiten etwas auf und in der Mitte entsteht eine Raute. Die Raute sollte an der stärksten Stelle den Wert haben, um den du das Hosenbein für mehr Platz der Wade erweitern möchtest.

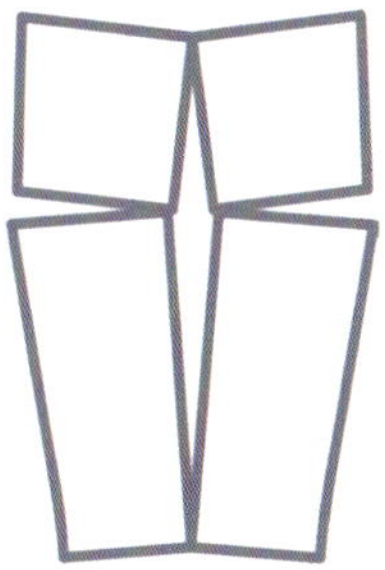

NEUE SEITENLINIEN EINZEICHNEN

Zum Schluss klebst du das untere Schnittteil wieder an das zuvor abgeschnittene obere Teil und zeichnest die Seitenlinien harmonisch neu ein.

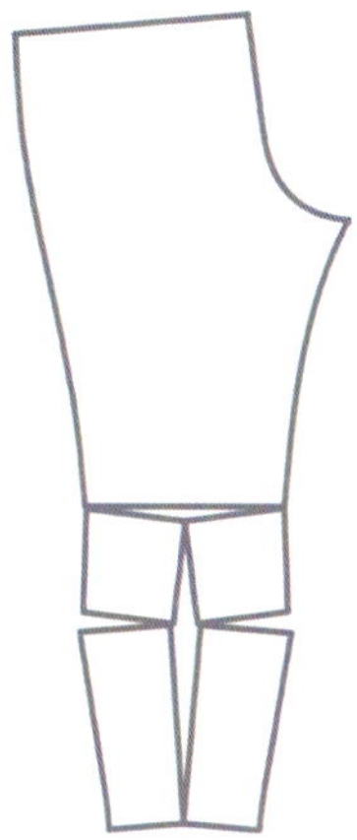

Auch die Saumlinie muss wieder waagerecht werden. Vergleiche dann die Länge der Seitenlinien mit dem Vorderhosenteil und gleiche sie ggf. am Saum an.

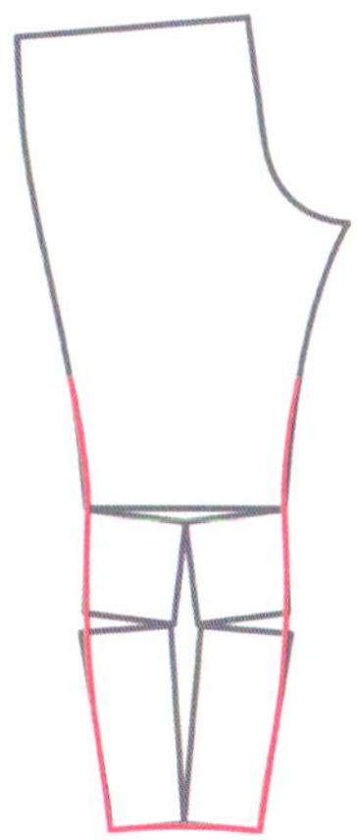

METHODE 2: MEHR ALS 5 CM WEITE

Wenn du sehr kräftige Waden hast und mehr als 5 cm Weite dazugeben musst, würde sich mit der 1. Methode die Seitenlinie viel zu stark verformen. Dann ist es besser, das Hosenbein insgesamt ab Knie weiter zu machen. Diese Änderung wird sowohl an der Vorderhose als auch an der Hinterhose durchgeführt. Der errechnete Wert für die Mehrweite wird dabei vorne und hinten zu je ½ hinzugefügt.

Y-FORM EINZEICHNEN

Dafür ziehst du vom Saum aus eine senkrechte Linie bis zum Knie.

Von dort aus zeichnest du nach links und rechts oben bis Höhe Oberschenkel eine diagonale Linie ein. Die beiden Endpunkte sollten ungefähr auf gleicher Höhe sein. Die Linien bilden ein Y.

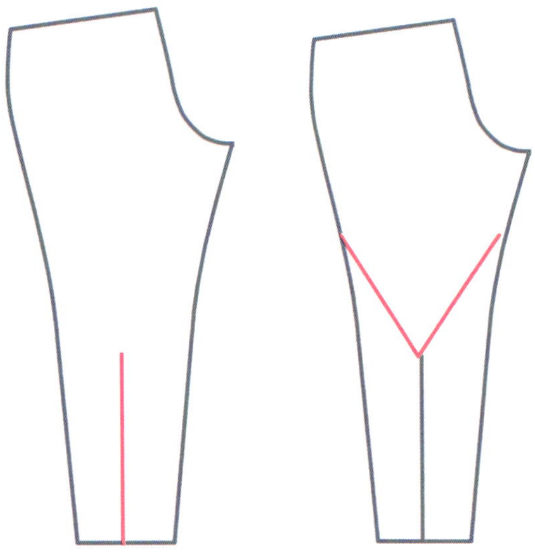

SCHNITTMUSTER AUFSCHNEIDEN UND AUSEINANDERZIEHEN

Jetzt kannst du die Linien vom Saum bis zu den Seitennähten aufschneiden. Die Enden an den Seitennähten werden dabei NICHT durchtrennt.

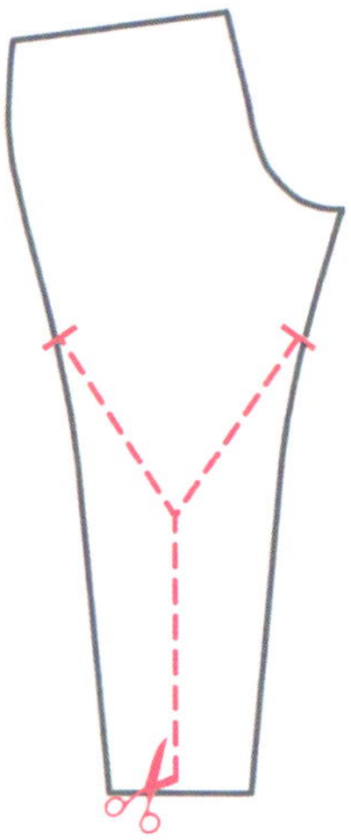

Dann schiebe die beiden unteren Teile der Hose so weit auseinander, bist der Spalt in Wadenhöhe die Hälfte der gewünschten zusätzlichen Weite hat.

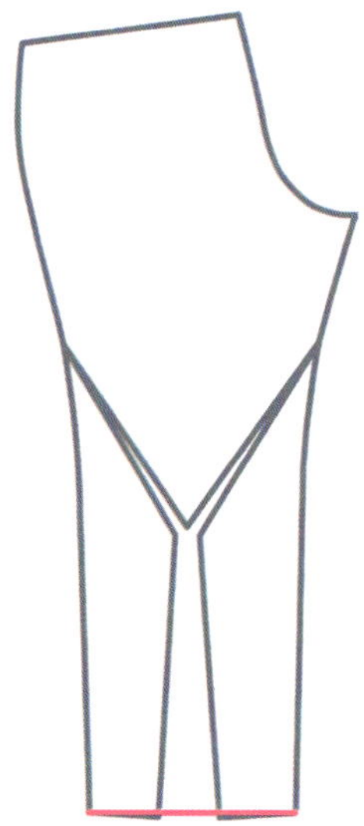

SEITENLINIEN UND SAUM ANGLEICHEN

Im Anschluss zeichnest du die Seitenlinien harmonisch neu ein und gleichst auch den Saum an. Die Seitennähte von Vorder- und Hinterhosen müssen gleich lang sein.

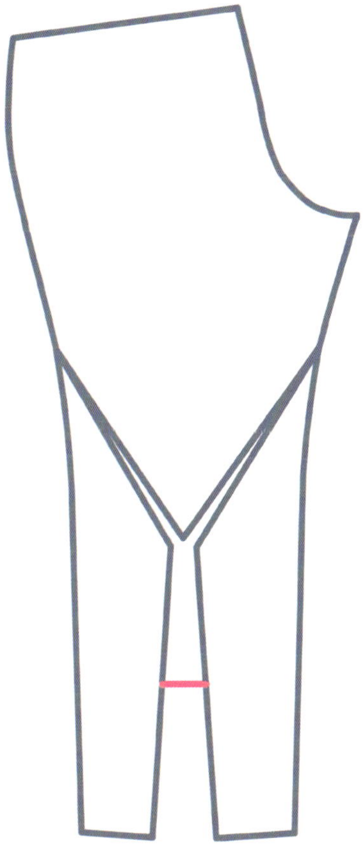

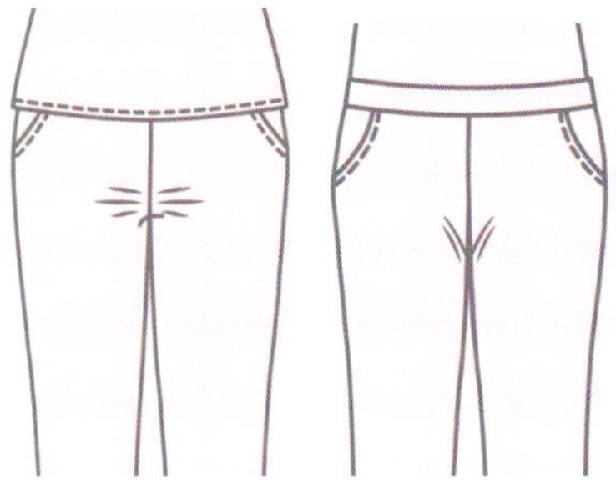

SCHRITT: FALTEN VORNE

Wenn deine Hose Falten vorne im Schritt wirft, kann das verschiedene Ursachen haben.

JE FESTER DER STOFF, DESTO MEHR QUERFALTEN IM SCHRITT

Die Faltenbildung im Schritt hängt nicht nur mit der Schnittführung zusammen, sondern auch mit dem Material, das gewählt wurde. Je fester der Stoff, desto weniger kann sich die Hose beim Tragen dehnen und desto eher entstehen die typischen Querfalten im Schritt.

VORDERE SCHRITTNAHT ABFLACHEN

Um die Querfalten im Schritt zu beseitigen und mehr Platz zu schaffen, muss die Schrittnaht der Vorderhose flacher werden. Oft reichen schon 0,5–1cm.

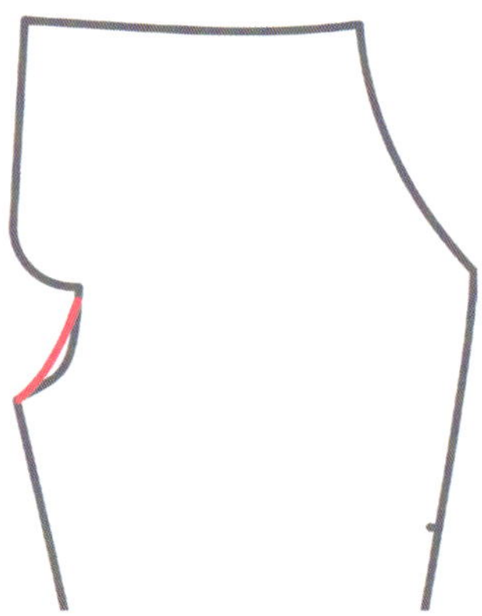

HINTERE SCHRITTNAHT KURVIGER ZEICHNEN

Wenn du nicht nur die Falten vorne hast, sondern die Hose gleichzeitig auch hinten in den Schritt kneift, dann solltest du auch die Hinterhose im Schritt anpassen. Die Schrittnaht hinten ist dann zu flach und muss etwas kurviger gezeichnet werden. Auch hier reichen in der Regel 0,5–1cm.

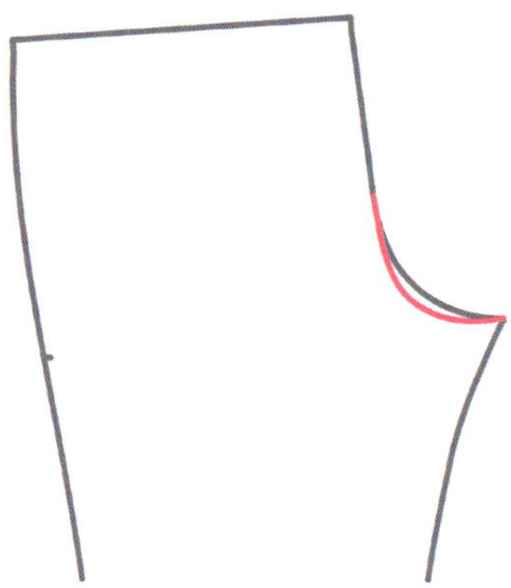

KURZE UND LANGE Y-FALTEN IM SCHRITT

Y-Falten können nur im vorderen Schrittbereich unterhalb des Reißverschlusses oder auch bis runter in die innere Beinnaht gehen. Bei den eher kurzen Falten ist die Kurve der Schrittnaht für deine Figur zu flach und muss kurviger sein. Wenn die Falten auch an der Innenbeinnaht sind, dann ist die Schrittnaht insgesamt zu lang und muss eingekürzt werden.

BEI KURZEN Y-FALTEN: SCHRITTNAHT KURVIGER

Wenn du nur die kurzen Y-Falten beseitigen möchtest, dann muss von der vorderen Schrittnaht etwas Stoff weggenommen werden. Ziehe die Hose dafür auf links und nähe die Kurve unterhalb des Reißverschlusses etwas runder bis zum Schrittkreuz. 0,5–1 cm reicht hier schon oft aus. Diese Änderung kannst du dann auf dein Schnittmuster übertragen. Zeichne hierfür die vordere Schrittnaht etwas kurviger ein.

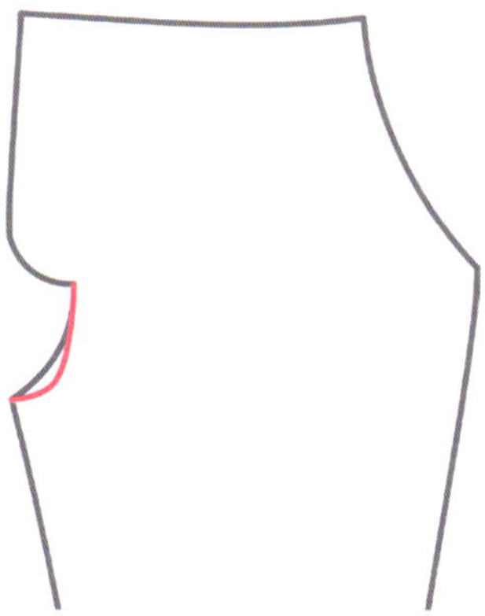

BEI LANGEN Y-FALTEN: SCHRITTNAHT EINKÜRZEN

Bei langen Y-Falten im Schritt muss zusätzlich zur Anpassung der Schrittkurve auch die Länge der vorderen Schrittnaht eingekürzt werden. Wenn du eine fertig genähte oder gekaufte Hose anpassen möchtest, wird dafür die Schrittnaht von links nach rechts etwas weggenäht. Beim Schnittmuster wird die Linie um 0,5–1 cm eingekürzt und mit der Linie der Innenbeinnaht harmonisch verbunden.

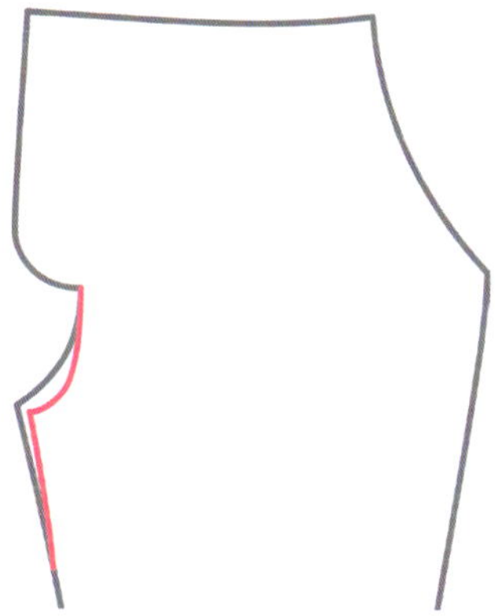

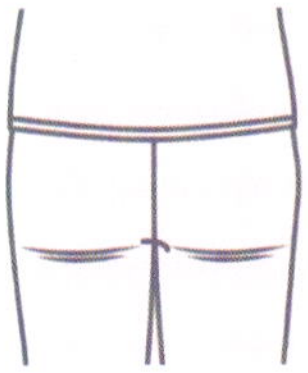

SCHRITT: QUERFALTEN HINTEN

Wenn deine Hose Falten unter dem Po wirft, weil sich dort der Stoff etwas staucht, ist das erst einmal ganz normal. Die Hose braucht hinten Platz, damit sie auch im Sitzen passt. Dieses „Mehr“ an Stoff rutscht beim Stehen und Laufen automatisch etwas runter. Liegt die Hose an den Oberschenkeln auch noch eng an, staucht sich der Stoff unter dem Po, weil der Stoff nicht weiter runterfallen kann.

Diese Querfalten unter dem Po können aber mit ein paar einfachen Änderungen am Schnittmuster zumindest etwas vermindert werden.

GRÜNDE FÜR DIE QUERFALTEN: FLACHER PO

Ein Grund für die Querfalten unter dem Po kann sein, dass die Leibhöhe hinten für dich zu hoch ist. Insbesondere bei Frauen mit einem flachen Po können solche Falten entstehen, da der Stoff nicht ausreichend ausgefüllt wird. Wenn du dir nicht sicher bist, dann zieh die Hose im Stehen mal hoch und schaue, ob die Falten dann weniger werden. Wenn sich der Stoff glatt(er) anlegt, dann ist die Leibhöhe zu hoch und muss eingekürzt werden.

TATSÄCHLICHE LEIBHÖHE MESSEN UND MIT SCHNITTMUSTER VERGLEICHEN

Um zu ermitteln, um wie viele Zentimeter du dein Schnittmuster abändern musst, misst du im Sitzen die Strecke von deinem Schritt über den Po bis zur Taille bzw. zu dem Punkt an deinem Rücken, wo die Hose später sitzen soll. Diese Strecke vergleichst du mit dem Schnittteil für die hintere Hose.

Nicht vergessen, dass später dort noch der Bund angenäht wird. Die Bundhöhe musst du beim Vergleichen noch dazurechnen. Ist in deinem Schnittmuster bereits eine Nahtzugabe enthalten, musst du diese von den Schnittteilen abziehen, um die tatsächliche Länge zu ermitteln.

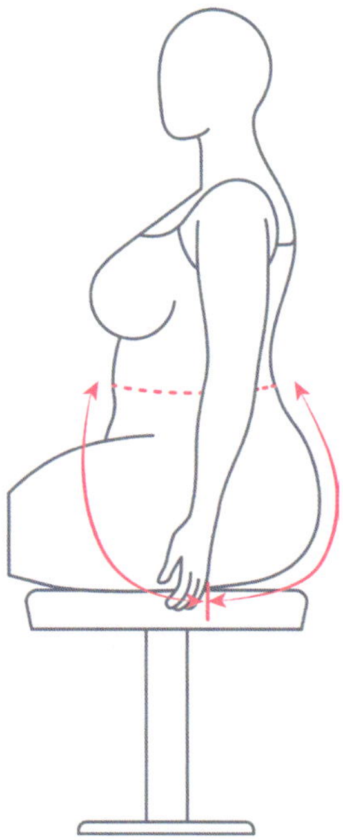

HOSE HINTEN EINSCHNEIDEN UND LÄNGE FÜR DEN PO EINKÜRZEN

Um die Leibhöhe in deinem Schnittmuster anzupassen, zeichnest du eine Linie etwas oberhalb der Hälfte der hinteren Schrittnaht parallel zur Bundkante bis zur Seitennaht. In manchen Schnittmustern ist für die Änderung der Leibhöhe auch eine Linie eingezeichnet, an der du dich orientieren kannst. Die Linie wird dann eingeschnitten bis kurz vor der Seitennaht, die Linie also nicht vollständig durchschneiden!

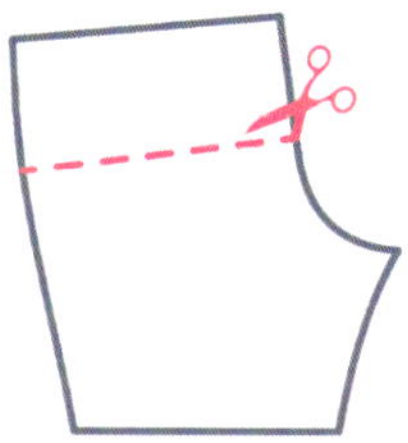

Dann schiebst du das obere Teil so weit wie deine benötigte Länge nach unten, sodass an der hinteren die Schnittteile überlappen. Möchtest du die Hose hinten z.B. um 2cm einkürzen, dann beträgt die Überlappung 2cm.

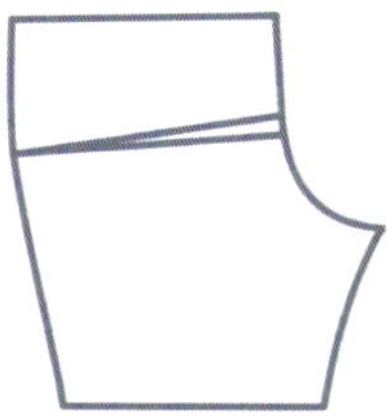

Im Anschluss musst du die Schrittnaht im Verlauf noch einmal harmonisch nachzeichnen.

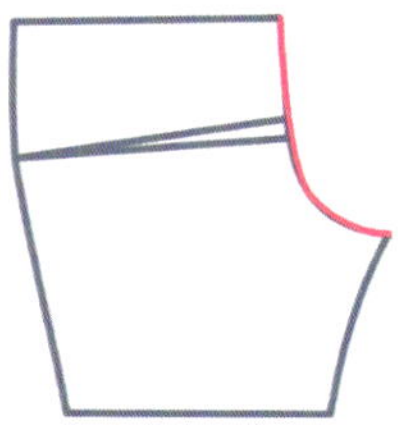

SCHRITTNAHT KÜRZEN BEI QUERFALTEN UNTER DEM PO

Ein weiterer Grund kann sein, dass die Schrittnaht hinten zu lang ist und sich der Stoff deswegen nicht ausreichend in den Schritt ziehen kann.

Hier kann es schon reichen, die Schrittnaht an der Hinterhose um 0,5–1cm zu kürzen. Dafür setzt du an der Schrittnaht eine Markierung im entsprechenden Abstand und zeichnest die Linie für die Innenbeinnaht neu harmonisch ein. Die neue Linie sollte ca. 3–5cm unterhalb des Schrittes auf die Originallinie treffen, damit die Hose am Oberschenkel nicht zu eng wird.

Wenn du nicht nur in der Länge zu viel Stoff hast, sondern auch deine Oberschenkel die Hose nicht ausreichend ausfüllen und sich deswegen zu viel Stoff unter dem Po staucht, kann kannst du die Schrittnaht etwas kürzen.

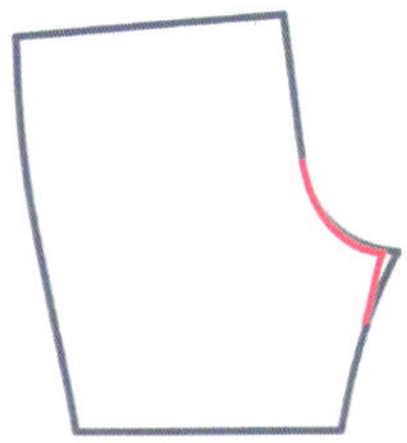

„Erst wenn du den Schnitt an deinen Körper angepasst hast, kann die Kreativität beginnen."

DESIGN-ÄNDERUNGEN

HALSAUSSCHNITTE

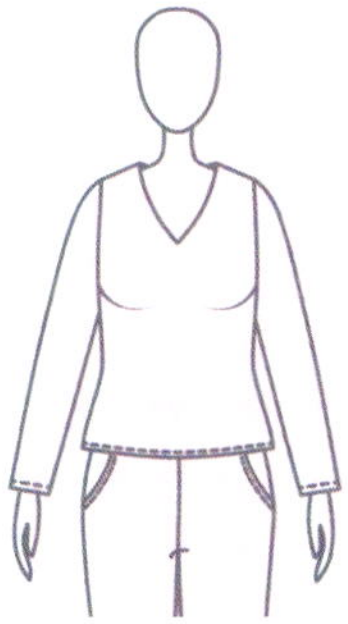

V-AUSSCHNITT

Hast du ein Oberteil mit einem Rundhalsausschnitt, kannst du daraus ganz leicht einen V-Ausschnitt machen – und umgekehrt.

NEUEN AUSSCHNITT ZEICHNEN

Zeichne von dem markierten Punkt, bis zu welcher Stelle der Ausschnitt gehen soll, in einem leicht runden Verlauf den neuen Ausschnitt ein. Das Ende trifft dabei ca. auf das letzte Drittel des Original-Ausschnittes.

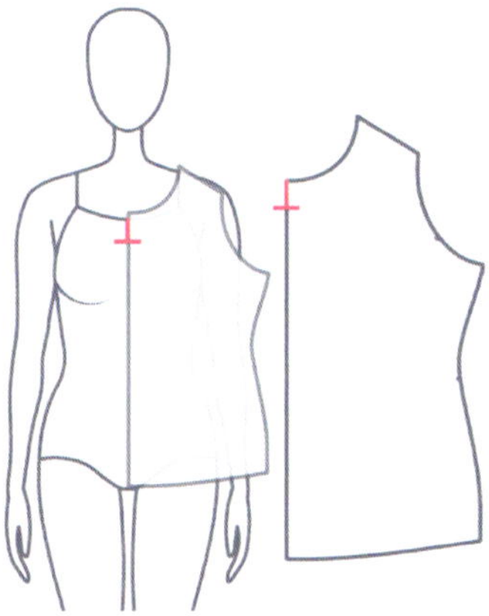

HALSBÜNDCHEN NEU BERECHNEN

Da sich die Größe des Ausschnittes verändert hat, muss die Länge des Halsausschnittes neu berechnet werden.

Miss den neuen Ausschnitt aus und schneide das Bündchen mit einer Breite von 5 cm und der neuen Länge mit dem Faktor 0,9 zu.

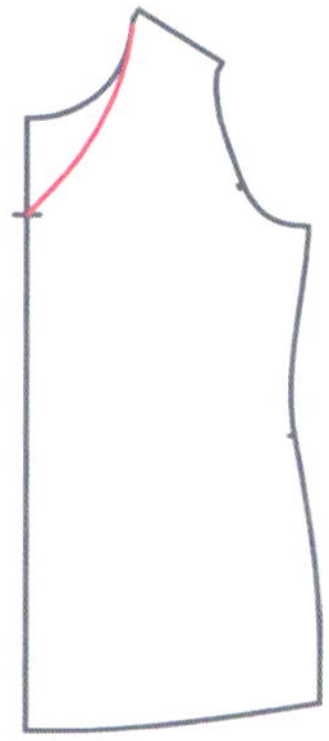

V-AUSSCHNITT NÄHEN

Wie das neue Halsbündchen an den V-Ausschnitt angenäht wird, zeige ich dir ausführlich beim Basic-Shirt ab Seite 57.

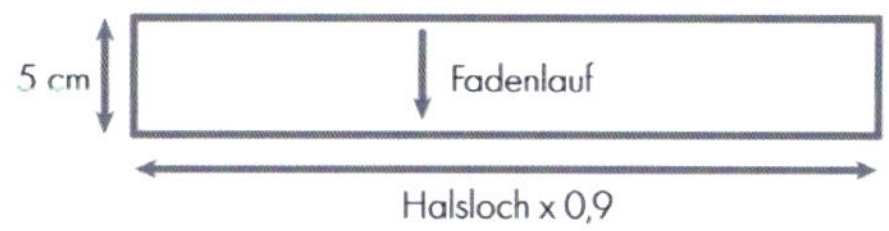

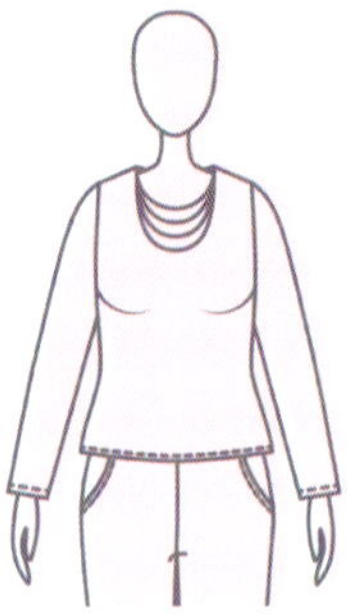

AUSSCHNITTTIEFE

Die Ausschnitttiefe ist reine Geschmacksache. Passe deinen Schnitt so an, wie es dir am besten gefällt.

GEWÜNSCHTE TIEFE MESSEN UND NEU EINZEICHNEN

Zeichne dir im Schnitt ein, wie tief der neue Ausschnitt werden soll.

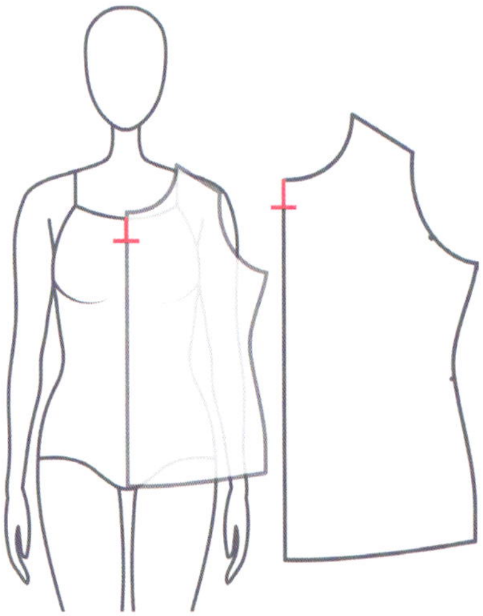

NEUER HALSAUSSCHNITT TRIFFT IM RECHTEN WINKEL AUF VORDERE MITTE

Wenn dir der Halsausschnitt im Original zu tief ist, dann verlängere zuerst die vordere Mitte nach oben. Zeichne dir dann den Halsausschnitt neu ein. Wichtig ist, dass er zur vorderen Mitte im rechten Winkel ist und genau auf die Schulternaht trifft.

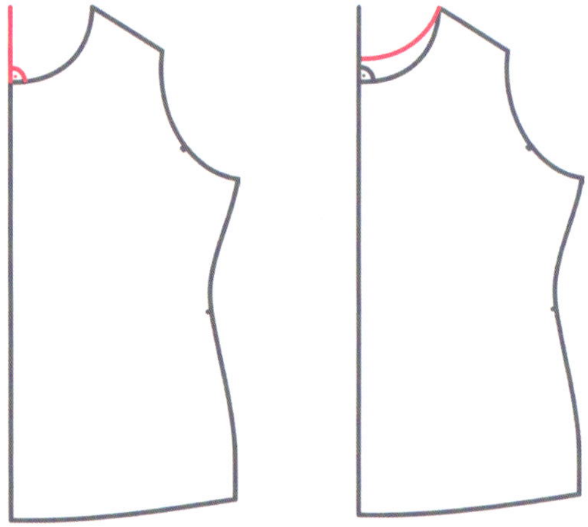

Möchtest du den Ausschnitt tiefer setzen, dann muss die neue Halslinie unterhalb des ursprünglichen Ausschnittes im rechten Winkel auf die vordere Mitte treffen.

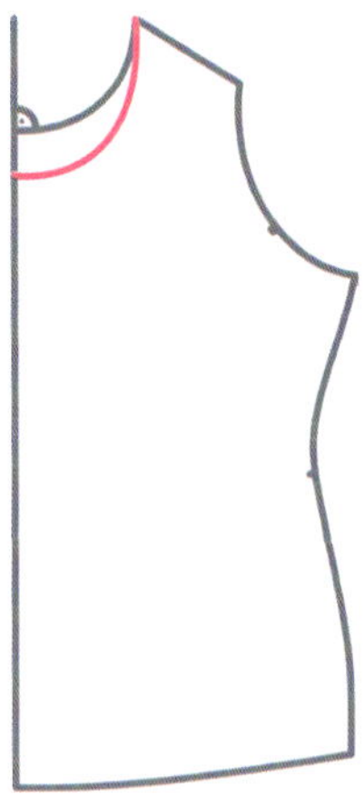

SCHULTERNAHT VERLÄNGERN ODER KÜRZEN, UM HALSAUSSCHNITT IN DER BREITE ZU ÄNDERN

Wenn du den Halsausschnitt insgesamt weiter (oder enger) machen möchtest, dann musst du auch die Schulternaht verändern. Diese Änderung nimmst du dann nicht nur am Vorderteil, sondern auch am Rückteil vor, damit die Schulter bei beiden Schnittteilen wieder gleich lang ist.

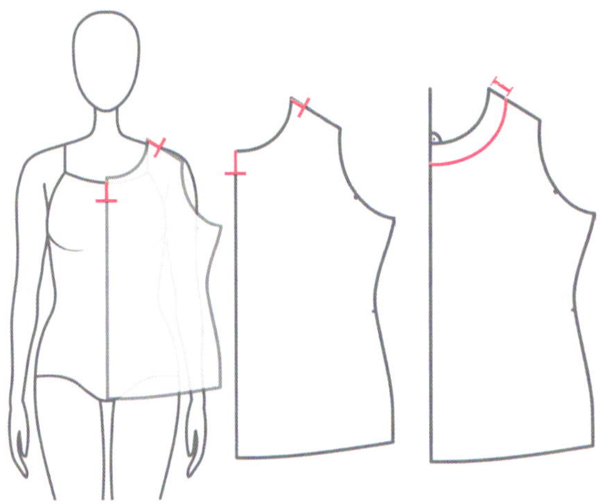

HALSBÜNDCHEN NEU BERECHNEN

Da sich die Größe des Halsausschnittes verändert hat, muss die Länge des Bündchens entsprechend angepasst werden.

Miss den neuen Ausschnitt und schneide das Bündchen mit einer Breite von 4,5 cm und der neuen Länge mit dem Faktor 0,8 bei Jersey und 0,9 bei Sweat zu.

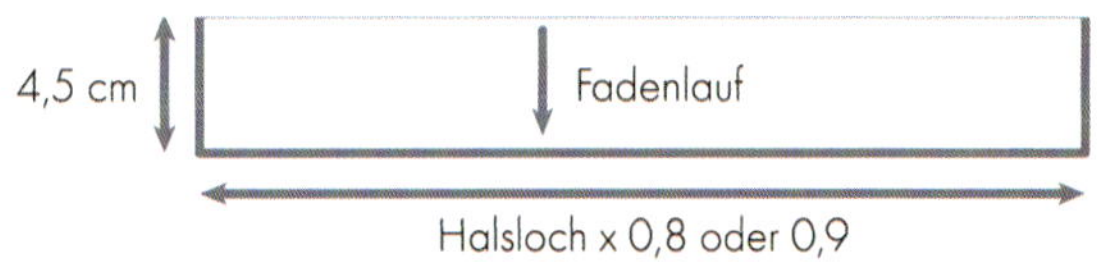

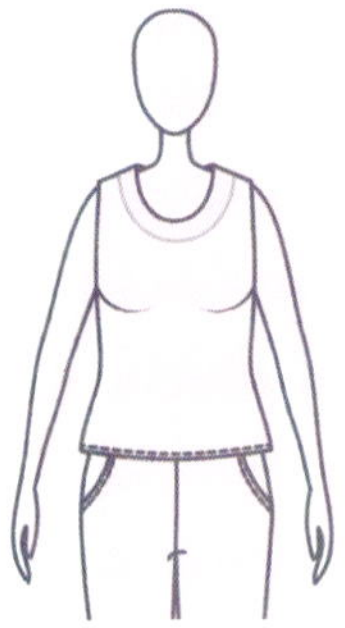

BELEG

Einen Beleg nutzt man immer dann, wenn man eine Stoffkante unsichtbar versäubern, hierfür aber kein Bündchen, Schrägband oder Jerseystreifen nutzen möchte.

HALSBELEG, ÄRMELBELEG, JACKENBELEG

Grob lassen sich drei verschiedene Belege unterscheiden: Halsbeleg, Ärmelbeleg und Jackenbeleg. Diese werden an die jeweiligen Stoffkanten genäht und dann verstürzt, also nach innen geschlagen. Optisch hört der Ausschnitt dann direkt an der Nahtlinie auf. Ohne einen Beleg wäre immer auch die Nahtzugabe oder die Stoffkante sichtbar.

AUSSCHNITT FÜR BELEG KOPIEREN

Ein Beleg ist nichts anderes als eine Kopie des jeweiligen Ausschnittes und in der Regel 4–5 cm breit.

Zeichne dir von dem gewünschten Ausschnitt eine Linie im Abstand von 4-5 cm und übertrage auch auf den Beleg sämtliche Markierungen, die am Ausschnitt zu finden sind.

BELEG FÜR EINEN HALSAUSSCHNITT

Um einen Halsausschnitt mit einem Beleg zu versäubern, kopierst du sowohl am Vorderteil als auch am Rückteil den jeweiligen Ausschnitt.

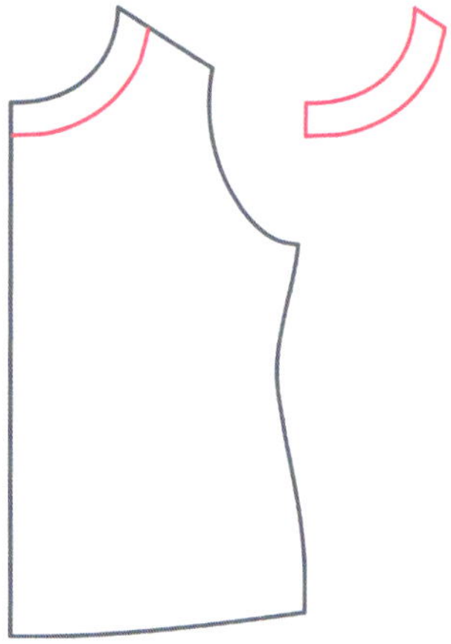

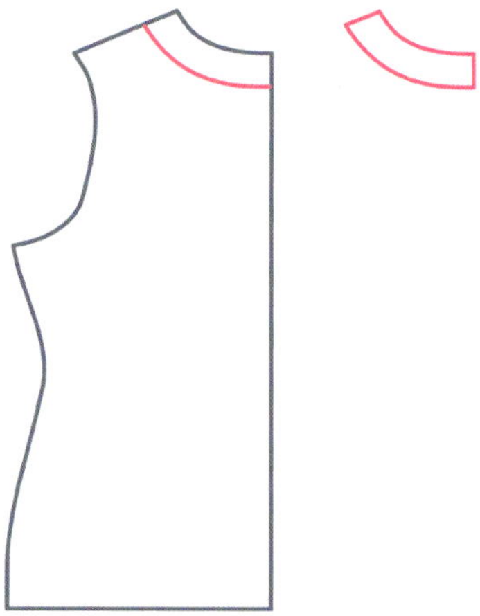

BELEG FÜR EINEN ÄRMELAUSSCHNITT

Um ein Oberteil ärmellos zu nähen, kannst du an Stelle des Ärmels einen Ärmelbeleg annähen. Zeichne hierfür sowohl am Vorder- als auch am Rückteil den jeweiligen Armausschnitt ab und eine weitere Linie im Abstand von 4–5 cm. Diese Streifen werden dann der Ärmelbeleg.

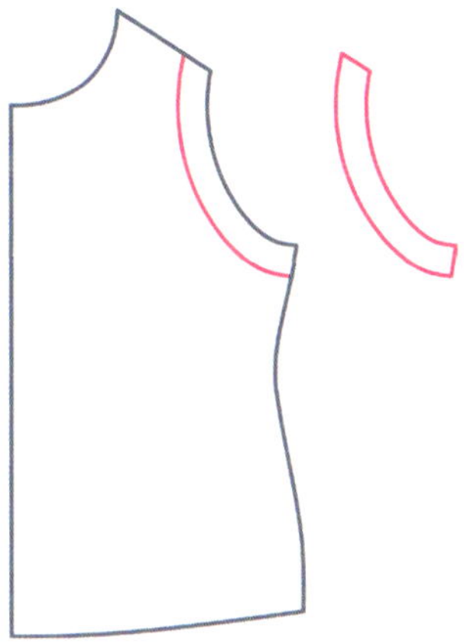

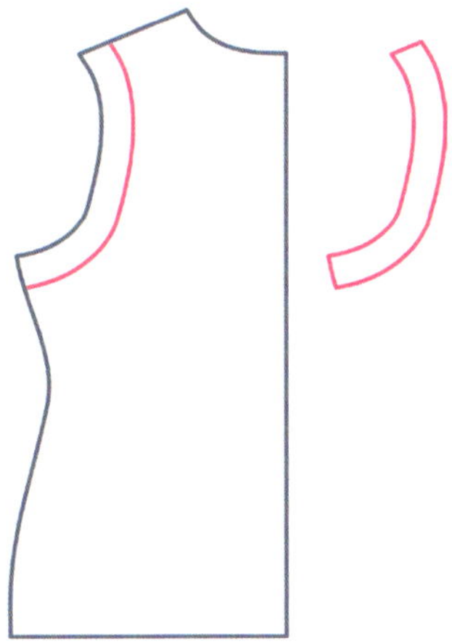

BELEG ZUSAMMENNÄHEN

Die Belegteile von Vorder- und Rückteil müssen zunächst zu einem kompletten Beleg zusammengenäht werden. Hierzu legst du das vordere und hintere Belegteil rechts auf rechts zusammen – die kurzen Enden müssen genau übereinanderliegen.

NAHTZUGABEN AUSEINANDERBÜGELN

Bügle die Nahtzugabe auseinander. So hast du eine schöne, flache Naht, die sich nicht so stark durchdrücken kann.

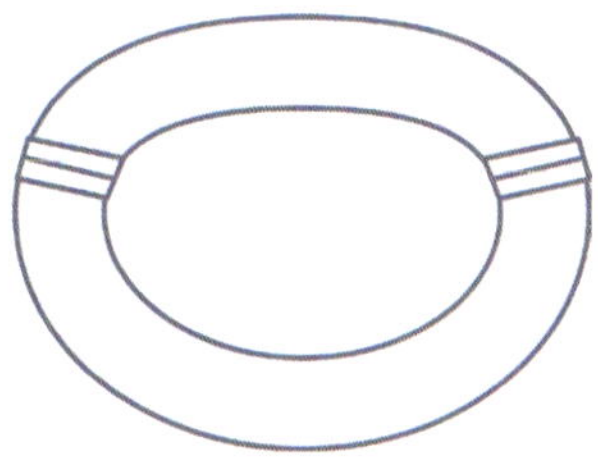

ÄUSSERE KANTE VERSÄUBERN

Bei einem Beleg aus Webware sollte die äußere Kante versäubert werden. Sie ist später innen im Kleidungsstück und würde sonst ausfransen.

Die innere Kante, die im nächsten Schritt an den Halsausschnitt genäht wird, wird nicht versäubert.

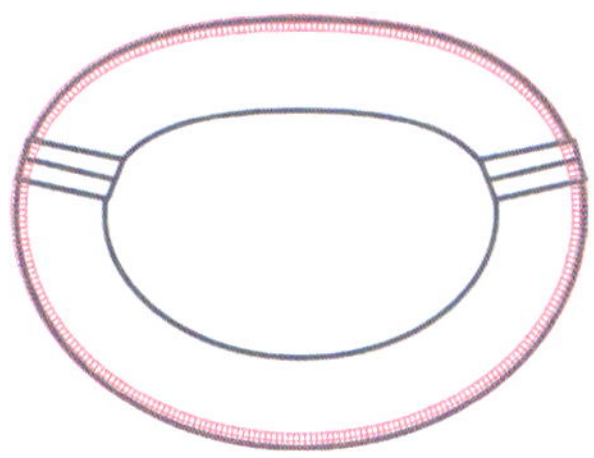

BELEG AN HALSAUSSCHNITT NÄHEN

Lege den zusammengenähten Beleg rechts auf rechts auf den Halsausschnitt und nähe ihn fest. Bei einem dehnbaren Stoff solltest du einen dehnbaren Stich verwenden, wenn der Ausschnitt beim An- und Ausziehen gedehnt werden muss. Ist der Ausschnitt groß genug, reicht auch ein Geradstich.

UNTERSTEPPNAHT

Um einen cleanen, eleganten Effekt beim Ausschnitt zu bekommen, sollte der Beleg nicht von außen mit einer Naht befestigt werden, sondern innen unsichtbar mit einer sogenannten Untersteppnaht.

NAHTZUGABEN IN DEN BELEG BÜGELN

Bügle den Beleg so in den Ausschnitt, dass die Naht etwa 1 mm innen liegt und so von außen nicht sichtbar ist.

Mit der Untersteppnaht wird der Beleg fixiert, so dass er nicht aus dem Ausschnitt krabbeln kann. Sie wird später nur von innen auf dem Beleg zu sehen sein.

NAHTZUGABE AM BELEG FESTNÄHEN

Genäht wird auf dem Beleg mit einem Abstand von 2-3 mm von der Naht entfernt.

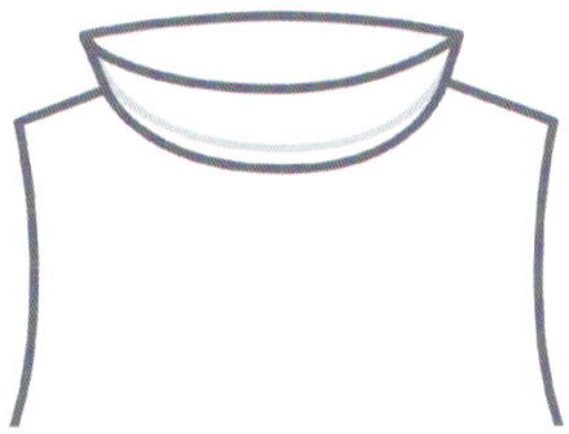

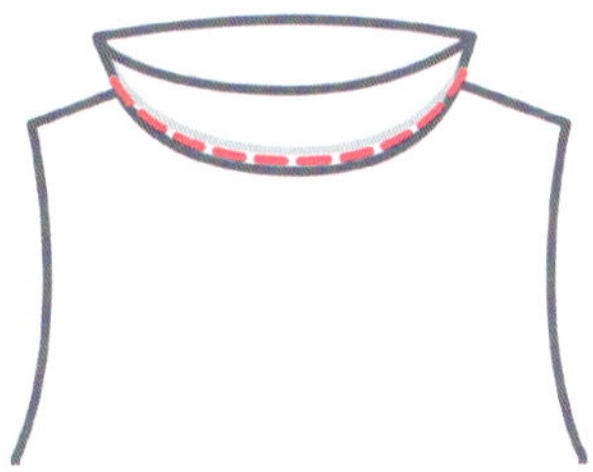

BELEG NACH INNEN SCHLAGEN UND GUT AUSBÜGELN

Das Ergebnis sieht so aus: Auf dem Beleg siehst du den Geradstich und auf der anderen Seite ist die Nahtzugabe knappkantig an den Beleg angenäht. Von außen ist nichts sichtbar.

Klappe den Beleg wieder ein, bügle alles in die richtige Richtung.

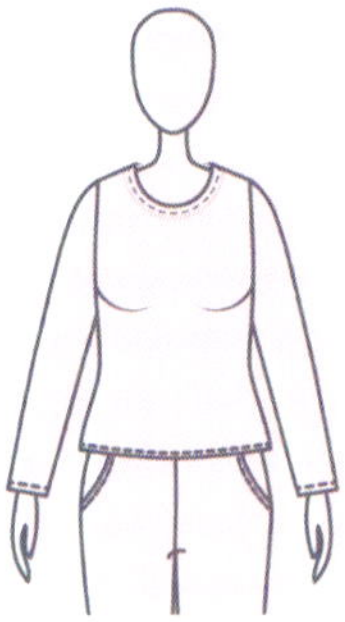

AUSSCHNITT „FEINE ART“

Wenn du den Halsausschnitt unsichtbar mit einem Halsbündchen versäubern möchtest, kannst du das auf die „feine Art“ machen. Optisch sieht es so aus, als wäre ein Beleg angenäht worden. Tatsächlich ist es aber ein vollständig nach innen eingeschlagenes Halsbündchen.

HALSBÜNDCHEN FÜR FEINE ART VORBEREITEN

Im ersten Schritt wird das Halsbündchen vorbereitet. Anders als beim normalen Halsbündchen wird die Länge nicht mit dem Faktor 0,8 oder 0,9 berechnet, sondern bleibt so lang wie der Ausschnitt.

Das Halsbündchen wird dann zunächst genauso angenäht wie ein normales Bündchen (siehe Seite 56).

STOFFRING UMKLAPPEN

Wenn das Halsbündchen festgenäht ist, klappst du es vollständig nach innen und steckst es fest.

HALSBÜNDCHEN VON RECHTS ANNÄHEN

Damit alles nun an seinem Platz bleibt und sich der Stoffstreifen nicht wieder nach außen klappt, nähst du ihn nun von außen fest.

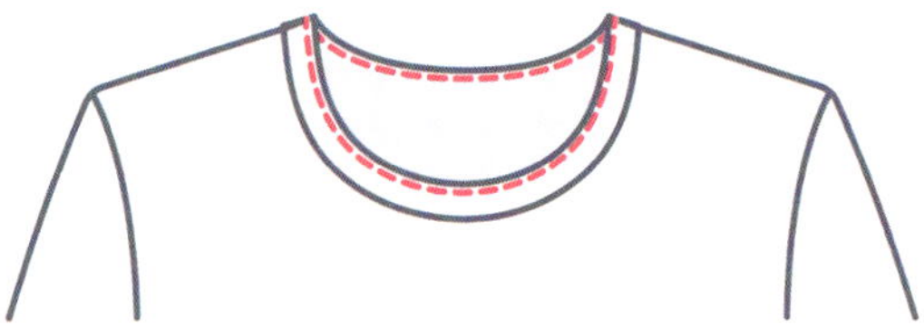

FAKE-PASPEL FÜR FARBLICHE AKZENTE

Mit der gleichen Technik kannst du auch den Halsausschnitt auf die feine Art versäubern und gleichzeitig einen farblichen Akzent setzen. Dabei klappst du das Halsbündchen nicht komplett nach innen, sondern lässt einen kleinen Bereich herausblitzen. So sieht es aus, als hättest du eine Paspel angenäht.

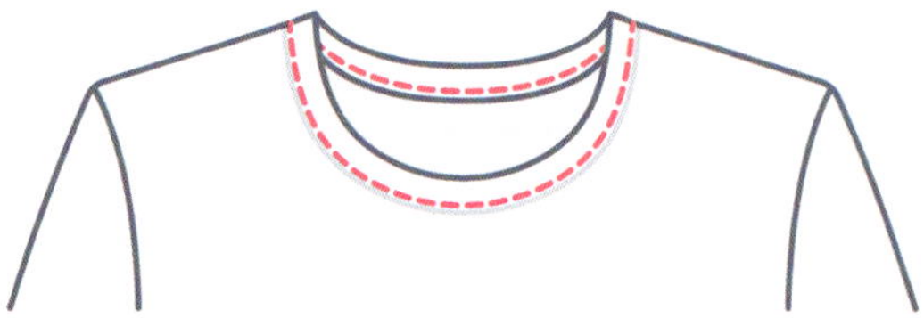

Mit dieser Technik kannst du auch die Ärmel versäubern.

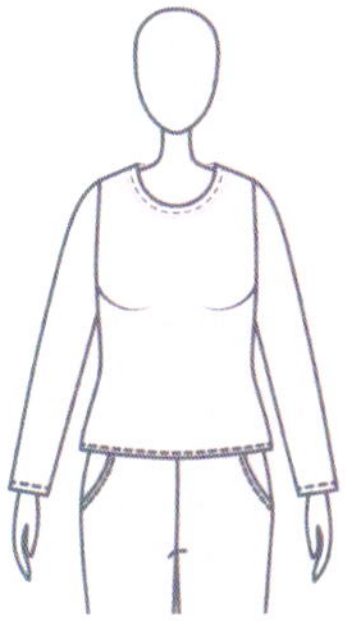

NACKENNAHT VERDECKEN

Wenn dich die Naht hinten im Nacken kratzt oder das Shirt wie gekauft aussehen soll, kannst du sie mit einem Streifen verdecken.

JERSEYSTREIFEN ZUSCHNEIDEN

Schneide dir einen Jerseystreifen zu, welcher ca. 2,5 cm hoch und in etwa so lang ist, dass er von Schulternaht zu Schulternaht reicht.

JERSEYSTREIFEN IM NACKEN FIXIEREN

Bereite dein Oberteil so vor, als würdest du nur das Halsbündchen annähen und stecke dann zusätzlich den Jerseystreifen rechts auf rechts auf das rückwärtige Halsbündchen. Beginne an der einen Schulter und gehe über den rückwärtigen Ausschnitt bis zur gegenüberliegenden Schulter.

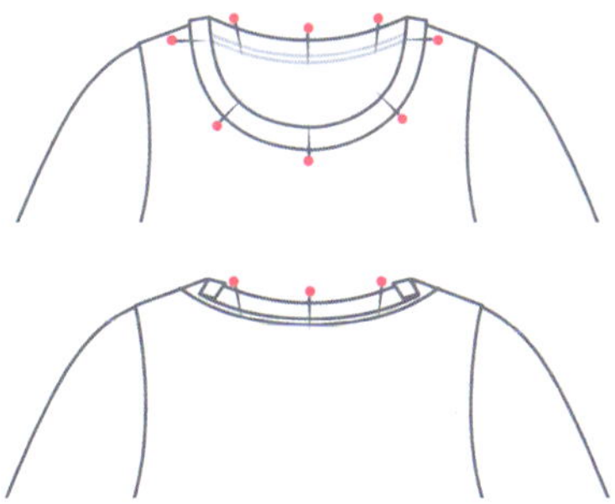

HALSBÜNDCHEN MIT STREIFEN ANNÄHEN

Nähe das Bündchen samt Stoffstreifen wie gewohnt an den Halsausschnitt. Klappe den Stoffstreifen anschließend einmal innen komplett um die Nahtzugabe und stecke alles gut von außen fest. Nähe den Stoffstreifen dann an der unteren Kante ganz knapp fest.

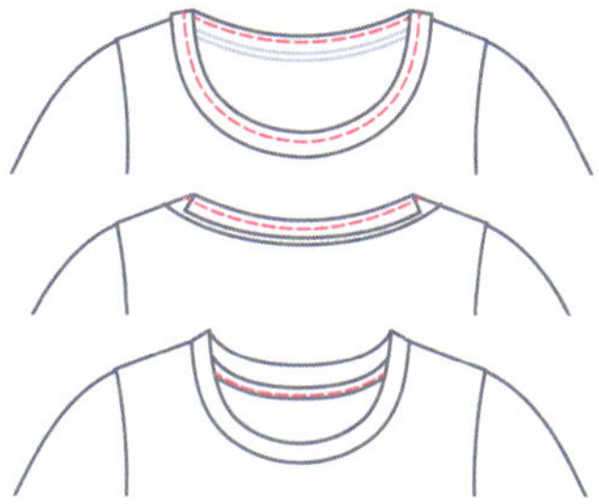

NACKENNAHT NACHTRÄGLICH MIT RIPSBAND VERSÄUBERN

Schneide dir einen Streifen aus Ripsband o.Ä. zu, welcher in der Höhe die komplette Overlocknaht bzw. Nahtzugabe verdeckt und in etwa so lang ist, dass er von Schulternaht zu Schulternaht reicht.

RIPSBAND KNAPP AUF NAHT AUFNÄHEN

Stecke das Band auf den sichtbaren Teil der rückwärtigen Overlocknaht bzw. Nahtzugabe und nähe es knapp neben der Bündchennaht fest.

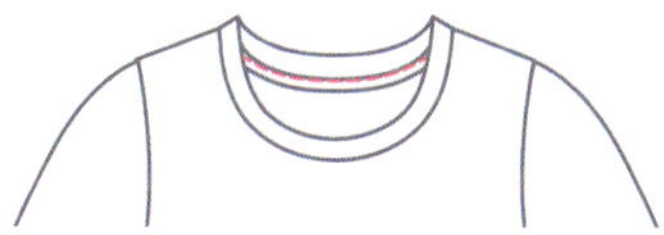

RIPSBAND NACH UNTEN KLAPPEN UND FESTNÄHEN

Klappe das Ripsband über die Overlocknaht bzw. Nahtzugabe, stecke es von außen fest und nähe es knappkantig fest.

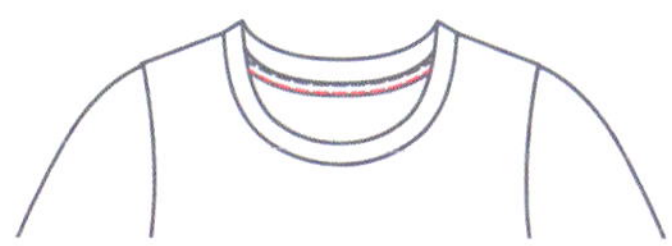

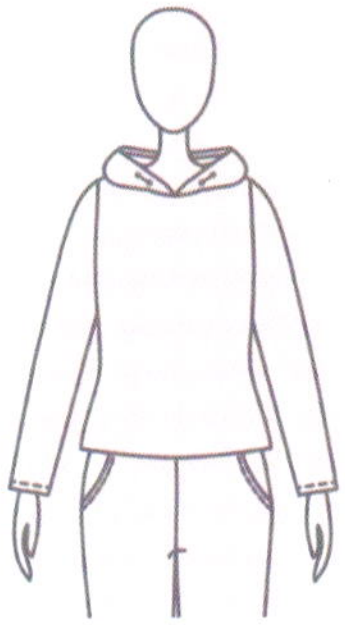

FAKE-HOODIEKORDEL

Wenn du den klassischen Hoodie-Style liebst, dich aber die herunterhängenden Kordeln nerven, kannst du den Tunnelzug auch einfach nur andeuten.

POSITION FÜR FAKE-HOODIEKORDEL AM SCHNITT MARKIEREN

Markiere dir auf dem Kapuzen-Schnittteil die Position für die Öffnungen/Ösen. Die erste Öse sollte 5 cm oberhalb des Ausschnittes sein.

Die Markierung für die zweite Öffnung deiner Fake-Hoodiekordel setzt du etwas höher als die erste. Das kannst du in dem Abstand machen, wie es dir am besten gefällt.

KNOPFLÖCHER VORBEREITEN UND NÄHEN

Als Ösen werden Knopflöcher genäht. Der Vorteil von Knopflöchern ist, dass an der Stelle eben nicht mit Ösen gearbeitet werden muss, die im Zweifelsfalle ausreißen oder die beim Einschlagen Dellen haben. Im Anschluss wird an den Markierungen noch Vlies aufgebügelt, damit das Knopfloch stabiler und schöner wird. Als nächstes werden an den Markierungen die Knopflöcher für deine Fake-Hoodiekordel genäht.

KNOPFLÖCHER AUFSCHNEIDEN UND KORDEL EINFÄDELN

Wenn beide Löcher aufgeschnitten sind, kann die Kordel eingefädelt werden. Der große Vorteil dieser Technik ist, dass man gar nicht so viel Kordel benötigt. Gehe dafür einmal von hinten nach vorne und dann einmal wieder zurück.

RIEGEL SETZEN

Oben und unten muss jetzt noch ein kleiner Riegel gesetzt werden, damit dieses Stückchen Fake-Hoodiekordel nicht wieder rausgezogen werden kann. Setze dafür mit ein paar Geradstichen einen Riegel genau dorthin, wo auch schon dein Knopfloch genäht ist. Am besten kann man auch noch die Kordel in der Mitte mit ein paar Stichen fixieren. Insbesondere bei Kinderpullovern kannst du das gut machen, damit die Kinder dort nicht aus Versehen hängen bleiben.

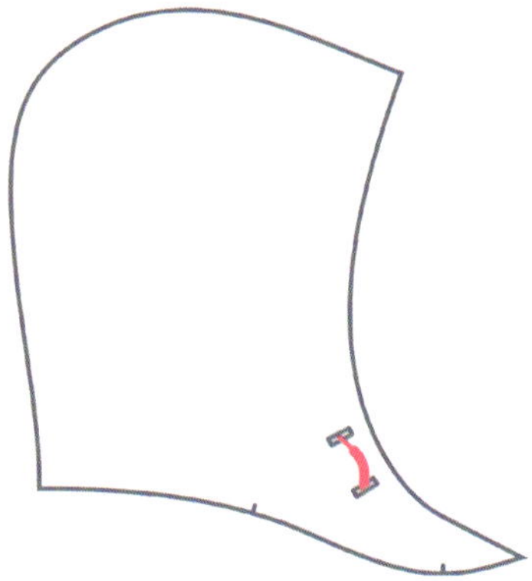

FAKE-TUNNEL AN DER KAPUZE NÄHEN

Zum Schluss wird noch eine Art Tunnel genäht, die man auch sonst von Hoodiekapuzen kennt. Das gibt dem Ganzen noch mal die Optik, als würde wirklich die komplette Kordel einmal rundherum um die Kapuze herumgeführt werden und gibt vor allem auch der Innen- und der Außenkapuze noch ein bisschen mehr Stabilität, sodass die Innenkapuze nicht immer rausrutschen kann.

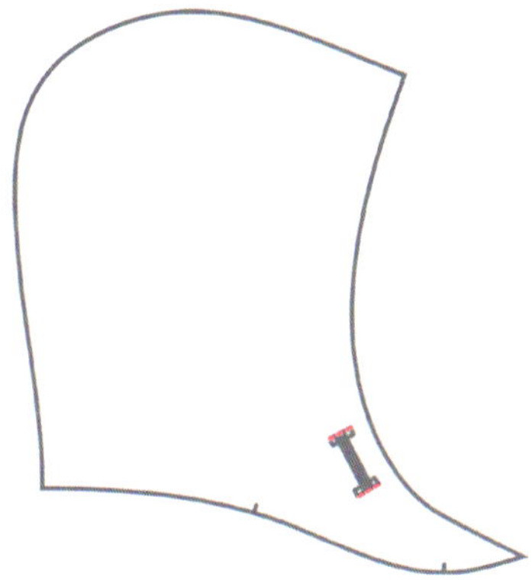

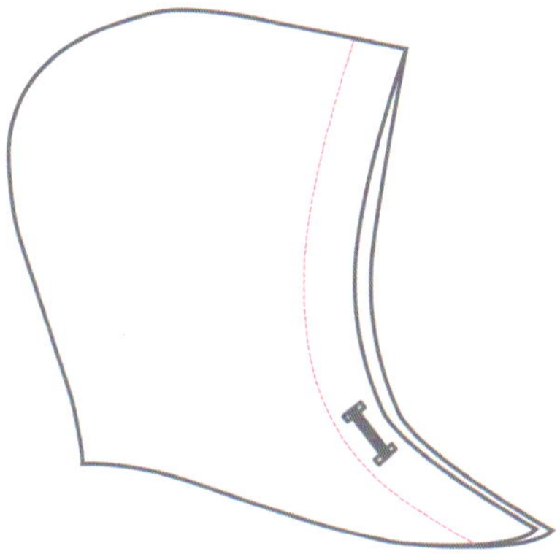

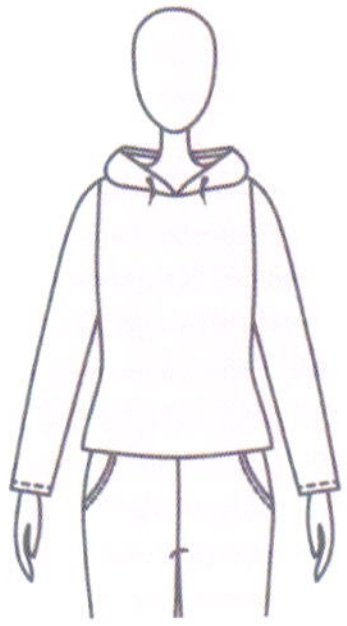

KAPUZE MIT ÖSEN

Eine Kapuze mit Kordelzug bekommt mit eingeschlagenen Ösen einen noch hochwertigeren Look.

ÖSENPOSITION MARKIEREN UND VERSTÄRKEN

Achtung: Damit Ösen in dehnbaren Materialien gut halten und generell nicht so leicht ausreißen, ist es wichtig, das Material zuvor zu verstärken. Das kann man mit einem festen Stück Stoff (z.B. Jeans oder Canvas), Bügeleinlage oder Wonderdots von der linken Seite machen. Oder man näht auf die rechte Seite ein Stück Kunstleder oder Nähpappe.

Markiere als Erstes die Position der Ösen an beiden Teilen der Außenkapuze. Verstärke die Markierung anschließend großzügig mit dem gewünschten Material.

Nähe die Verstärkung, wenn sie nicht aufbügelbar ist, zuerst einmal rundherum fest und fixiere sie anschließend mit einem genähten Kreuz.

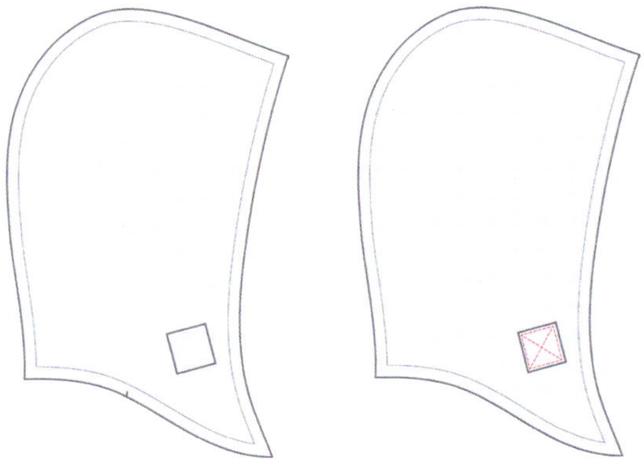

KAPUZE LOCHEN UND ÖSE EINSCHLAGEN

Loche die Kapuze und schlage anschließend die Öse ein. Halte dich dazu an die Anleitung des Herstellers.

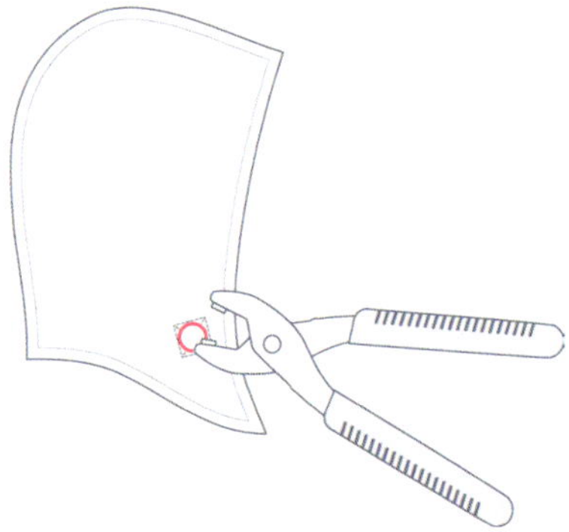

Achte darauf, die Ösen von der richtigen Seite einzuschlagen, sodass die schöne Seite später von außen zu sehen ist.

In der Regel liefern die Hersteller ein Werkzeug mit, mit welchem sich das Material sowohl lochen als auch die Öse einschlagen lässt. Im Handel sind außerdem Universalzangen erhältlich, die mit den richtigen Aufsätzen ebenfalls lochen und Ösen einschlagen können.

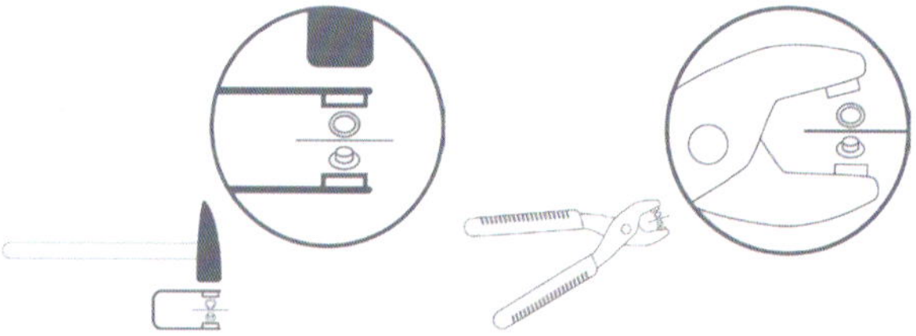

Öse mit Werkzeug einschlagen Öse mit Zange einschlagen.

KAPUZE NÄHEN

Lege beide Teile der Außenkapuze rechts auf rechts und nähe sie an der Rundung zusammen. Wiederhole diesen Schritt mit der Futterkapuze.

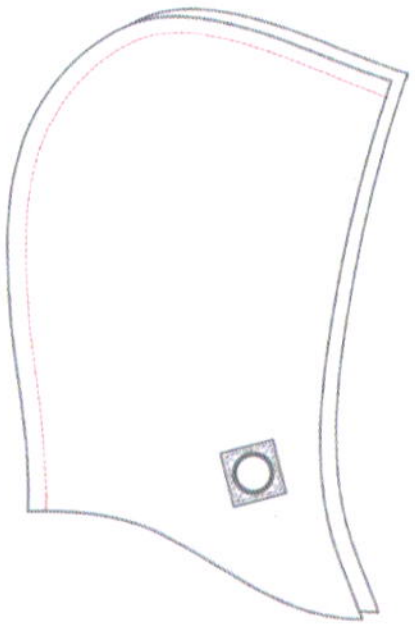

Lege dann beide Kapuzen rechts auf rechts ineinander und nähe sie an der Vorderkante zusammen.

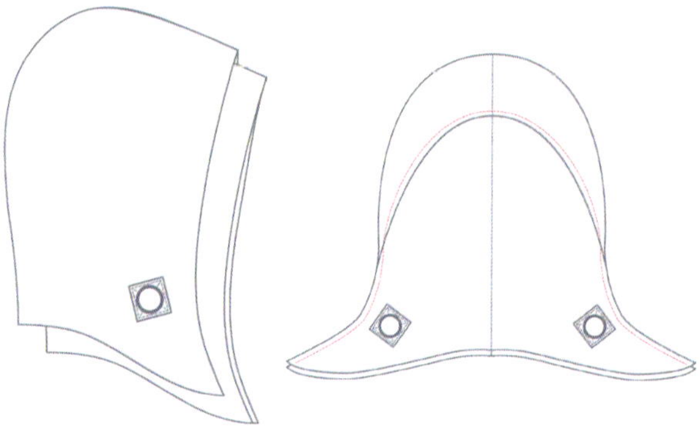

KORDELZUG NÄHEN

Wende die Kapuze auf rechts und bügle die Vorderkante schön aus. Steppe die Vorderkante nun im gleichmäßigen Abstand zur Vorderkante von rechts ab.

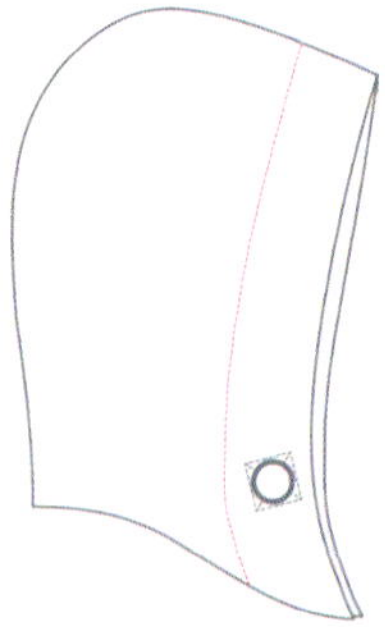

Ziehe zuletzt die Kordel mithilfe einer Sicherheitsnadel durch den Tunnel und nähe die Kapuze an das Sweatshirt.

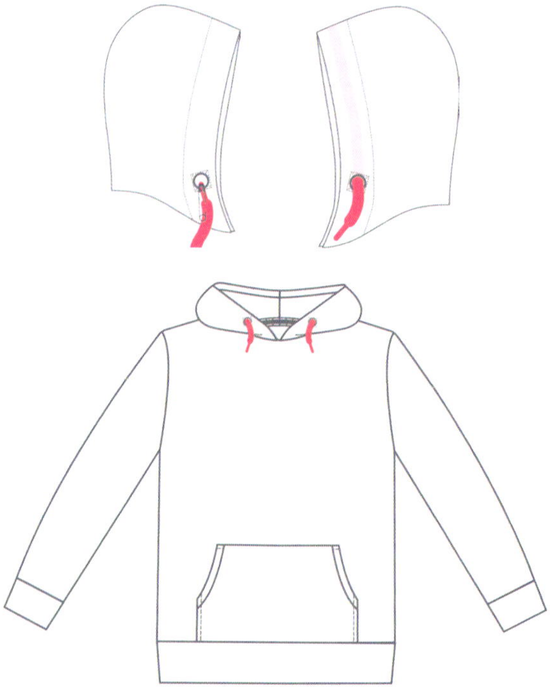

Verknote die Enden der Kordel, damit sie nicht aus dem Ende des Tunnels gezogen werden kann.

ÄRMEL-FORMEN

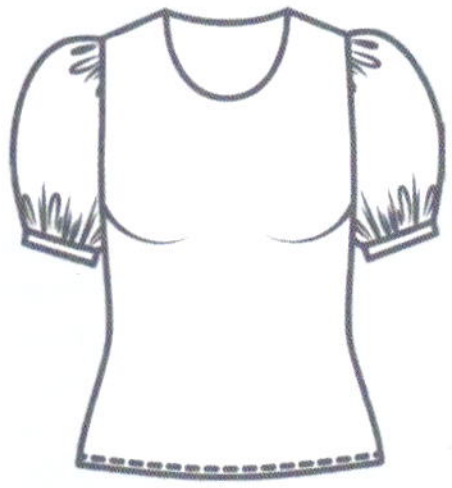

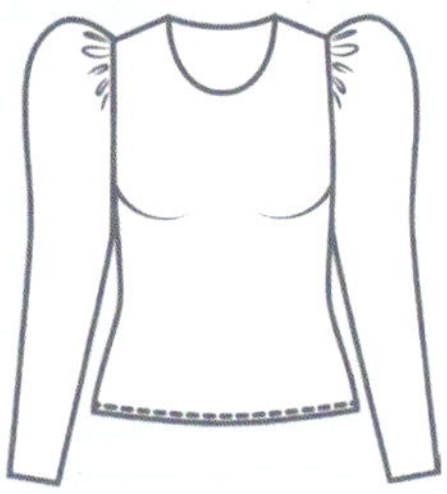

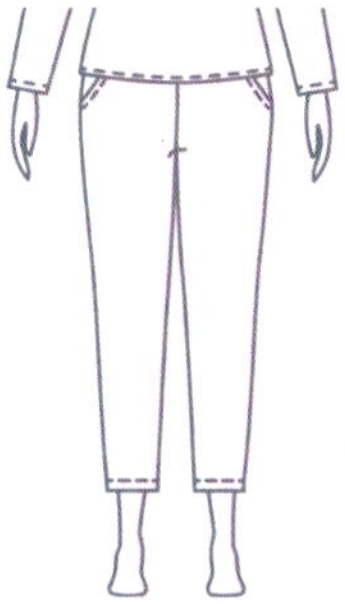

BISCHOFSÄRMEL

Diese Ärmelform verläuft nach unten hin immer weiter und wird dann mit einem schmalen Bündchen oder auch Gummiband wieder zusammengerafft. Der Bischofsärmel ist eine wundervolle Variante, um deinen Ärmel etwas verspielter zu gestalten.

LINIEN ANZEICHNEN UND AUFSCHNEIDEN

Um den Bischofsärmel zu konstruieren, zeichnest du als Erstes von deinem Schulterpunkt eine senkrechte Linie bis nach unten zum Saum. Zeichne dann eine waagerechte Linie von Achsel zu Achsel.

Nun kannst du die senkrechte Linie von unten bis kurz vor die waagerechte Linie aufschneiden. Von dort schneidest du dann von innen nach außen bis kurz vor Ende der Achsel auf.

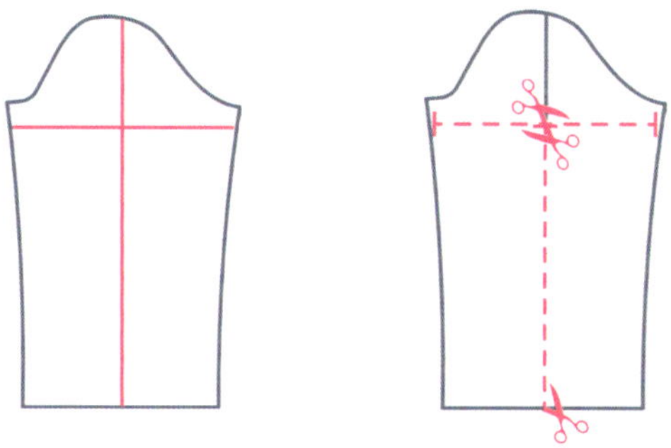

SCHNITT AUFSPERREN UND WEITE FÜR DEN BISCHOFSÄRMEL HINZUFÜGEN

Je nachdem, wie viel Weite du haben möchtest, schiebst du den Ärmel am Saum auseinander.

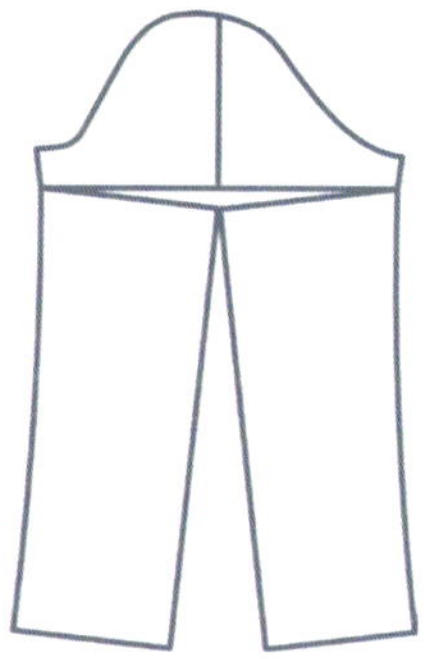

NEUE SAUMLINIE ZEICHNEN UND SEITENLINIE ANGLEICHEN

Zum Schluss musst du nur noch eine schöne Saumlinie zeichnen und alles im Verlauf verbinden. Den Saum kannst du dann entweder einkräuseln, in Falten legen oder auch ein Gummiband einziehen.

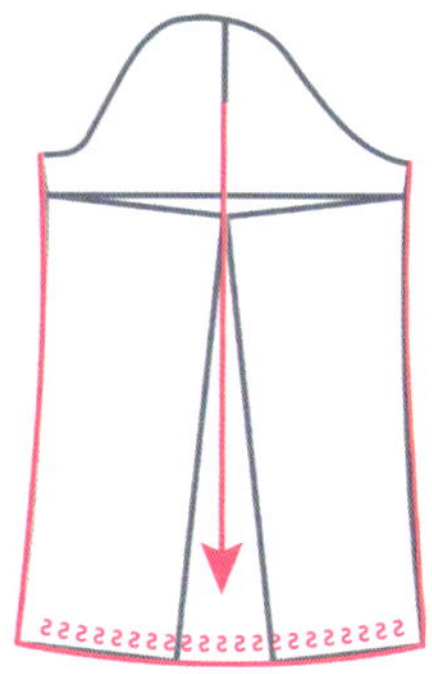

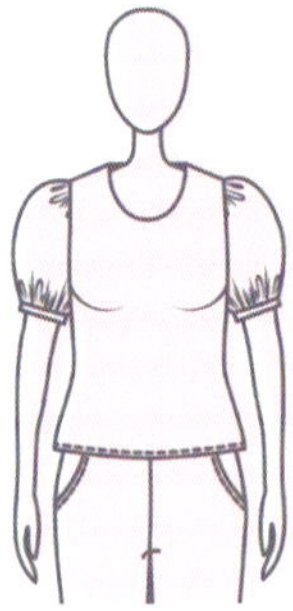

PUFFÄRMEL

Puffärmel werden häufig eingesetzt, um Oberteile etwas verspielter und femininer aussehen zu lassen.

AUS NORMALEM ÄRMEL WIRD PUFFÄRMEL

Wenn dir der Ärmel deines Grundschnittes zu langweilig ist, kannst du in wenigen Schritten daraus einen Puffärmel zaubern. Der Puffärmel wird an der Schulter gerafft und „pufft" dadurch auf.

Zusätzlich kann der Ärmel auch am Bund gerafft werden.

SENKRECHTE LINIEN EINZEICHNEN

Zeichne als Erstes senkrechte Linien in das Schnittteil ein. Je „puffiger" der Ärmel werden soll, desto mehr Linien sollten es sein. In der Regel reichen 3–5 Linien. Hast du einen langen Ärmel, den du zu einem Puffärmel umgestalten möchtest, dann zeichne zunächst eine waagerechte Linie im oberen Drittel und schneide dann nur den unteren Teil ab.

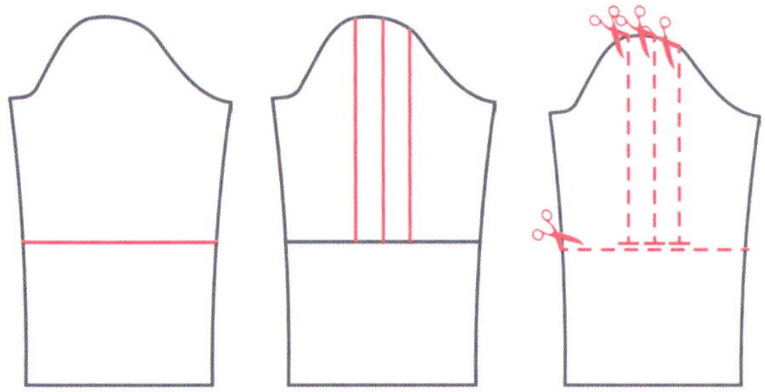

ÄRMEL NUR AN SCHULTER „PUFFEN": LINIEN EINSCHNEIDEN

Möchtest du, dass der Ärmel nur oben an der Schulter „gepufft" wird, dann schneide die eingezeichneten Linien von der Armkugel bis kurz vor den Saum ein (nicht durch).

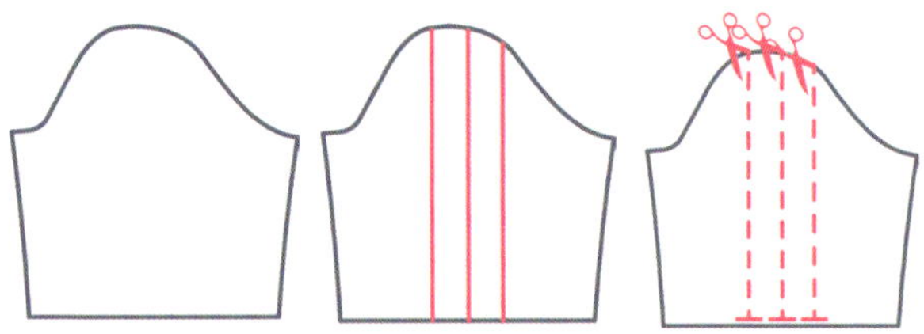

ÄRMEL BIS ZUM SAUM „PUFFEN": LINIEN DURCHSCHNEIDEN

Möchtest du, dass der Ärmel auch am Saum zusammengekräuselt wird, dann schneide die Linien komplett durch.

WEITE HINZUFÜGEN UND ARMKUGEL ERHÖHEN

Schiebe jetzt die einzelnen Teile entweder keilförmig oder komplett max. 4 cm gleichmäßig auseinander.

Damit die Kräuselung später ausreichend Platz im Armloch findet, muss noch die Armkugel erhöht werden. Je mehr Kräuselung, desto mehr Höhe solltest du hinzufügen (3–6 cm). Dafür ziehst du dir eine Linie an der Markierung für die Schulternaht und zeichnest eine neue Armkugel ein. Der höchste Punkt ist die Schultermarkierung.

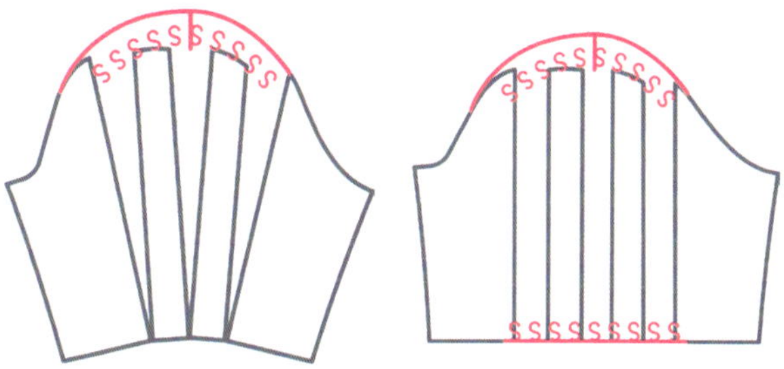

LANGEN ÄRMEL ZUSAMMENFÜGEN

Klebe bei einem langen Ärmel jetzt den unteren Teil wieder fest. Gleiche anschließend die Seiten in einem schönen Verlauf an.

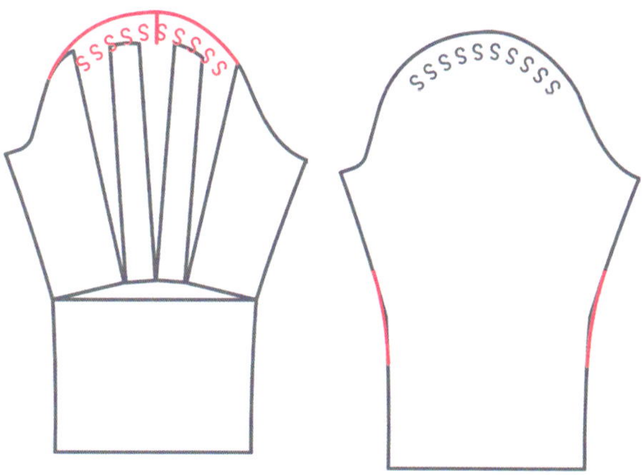

ÄRMEL EINKRÄUSELN

Damit der neue Ärmel in das Armloch passt, muss die neue Armkugel auf die ursprüngliche Länge eingekräuselt werden. Nähe hierfür in der Nahtzugabe 2 parallele Nähte mit maximaler Stichlänge. Verknote das eine Ende und ziehe am anderen Ende an den Unterfäden, sodass sich der Stoff zusammenzieht. Verteile die Kräuselung gleichmäßig.

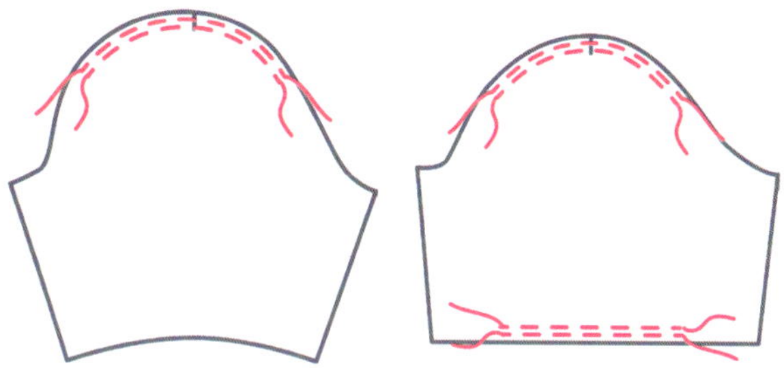

KEULENÄRMEL

Ein Keulenärmel zeichnet sich dadurch aus, dass er an der Armkugel eingereiht oder in Fältchen gelegt wird und sich zu den Handgelenken hin verengt. Diese Form des Ärmels wird auch Schinkenärmel oder Gigot (franz.) genannt.

WAAGERECHTE LINIEN EINZEICHNEN UND EINSCHNEIDEN

Zeichne waagerechte Linien in das Schnittteil ein. Je „puffiger“ der Ärmel an der Schulter werden soll, desto mehr Linien sollten es sein. In der Regel reichen 3–5 Linien. Schneide die eingezeichneten Linien der Armkugel komplett durch.

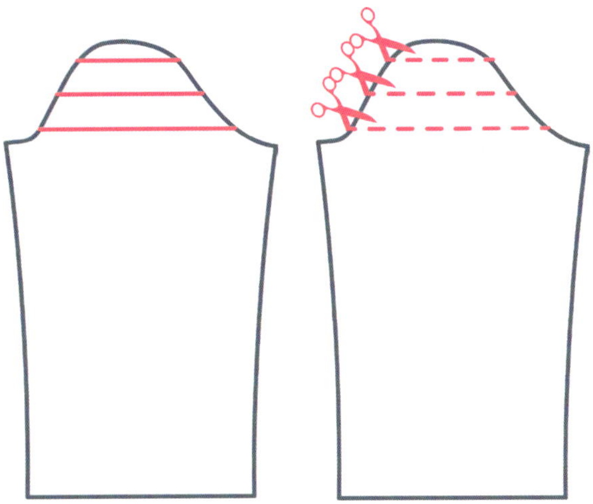

LÄNGE HINZUFÜGEN UND ARMKUGEL ERHÖHEN

Schiebe jetzt die einzelnen Teile maximal 4 cm gleichmäßig auseinander.

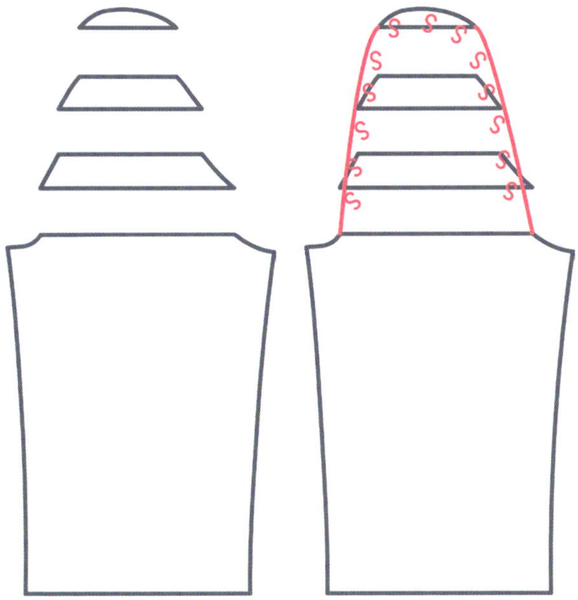

ÄRMEL EINKRÄUSELN

Damit der neue Ärmel in das Armloch passt, muss die neue Armkugel auf die ursprüngliche Länge eingekräuselt werden. Nähe hierfür in der Nahtzugabe 2 parallele Nähte mit maximaler Stichlänge. Verknote das eine Ende und ziehe am anderen Ende an den Unterfäden, sodass sich der Stoff zusammenzieht. Verteile die Kräuselung gleichmäßig.

Alternativ kannst du die Armkugel auch in gleichmäßige Kellerfalten legen.

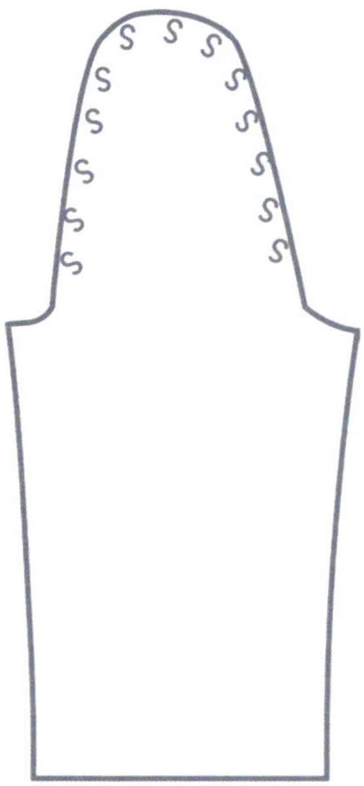

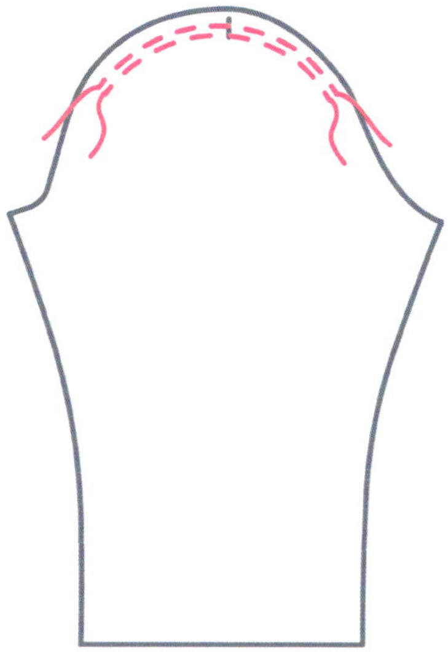

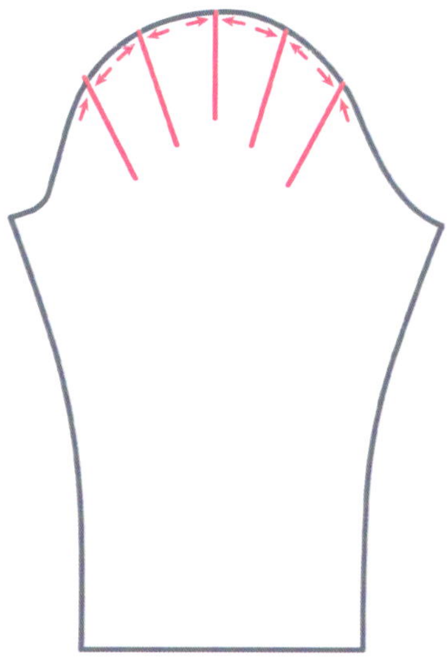

HOSEN-FORMEN

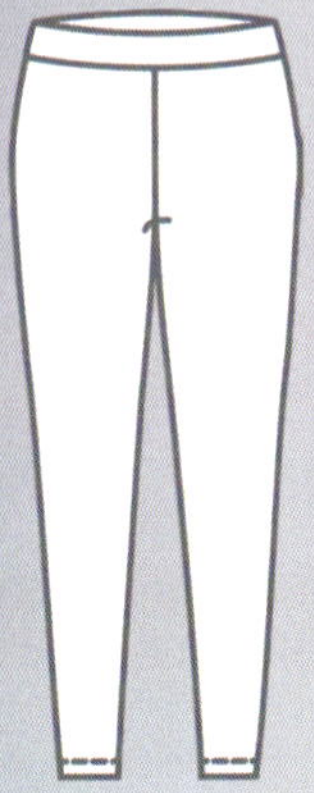

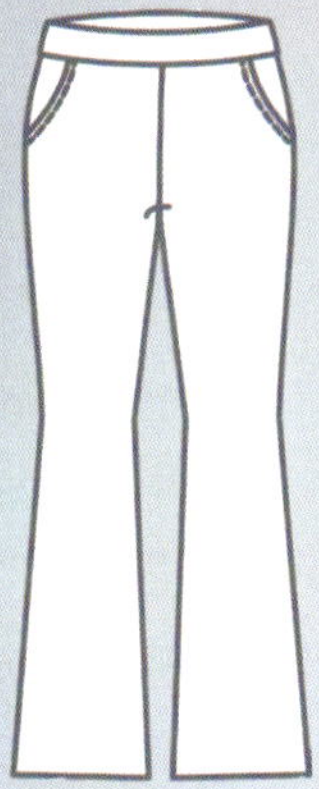

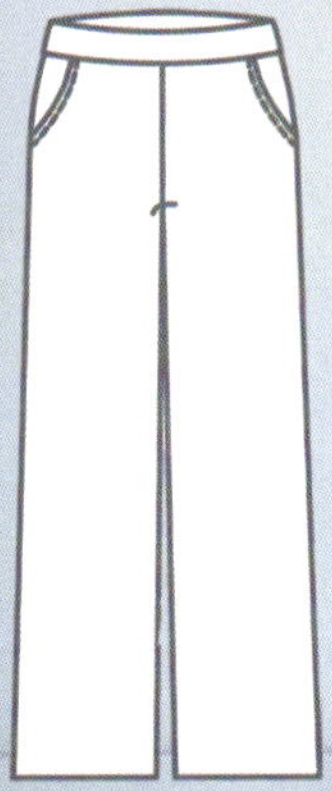

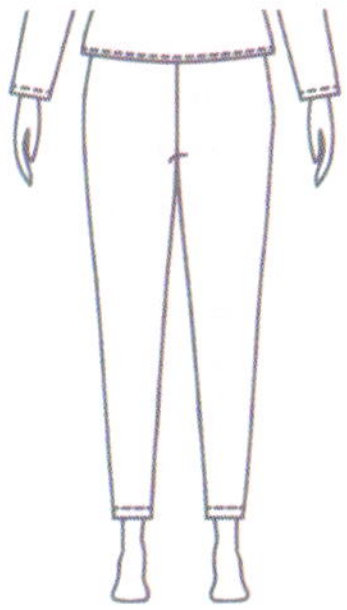

JEGGINGS

Wer auf die Taschen verzichten möchte, kann sich aus der Basic-Hose schnell eine coole Jeggings nähen. Wie wäre es zum Beispiel im Lederlook?

REISSVERSCHLUSSÜBERTRITT ABSCHNEIDEN

Schneide den Reißverschlussübertritt parallel zur Übertrittkante ab.

EINGRIFF MIT TASCHENBEUTEL HINTERLEGEN UND NEU ZEICHNEN

Damit deine seitlichen Eingriffstaschen verschwinden und du eine durchgehende Seitennaht ohne Eingrifftaschen bekommst, brauchst du zwei Teile von deinem Schnittmuster: 1x deine Vorderhose und 1x deinen rückwärtigen Taschenbeutel, auch Taschenspiegel genannt.

Fixiere das Taschenteil so hinter das Schnittteil der Vorderhose, dass dieses die Vorderhose komplettiert und ein durchgehendes Hosenschnittteil entsteht. Der Taschenbeutel ist also sowohl oben an der Bundansatzkante als auch an der Seite bündig mit der Vorderhose. Jetzt kannst du die Vorderhose entsprechend zuschneiden und die Seiten in einem Rutsch durch ohne Eingrifftasche nähen.

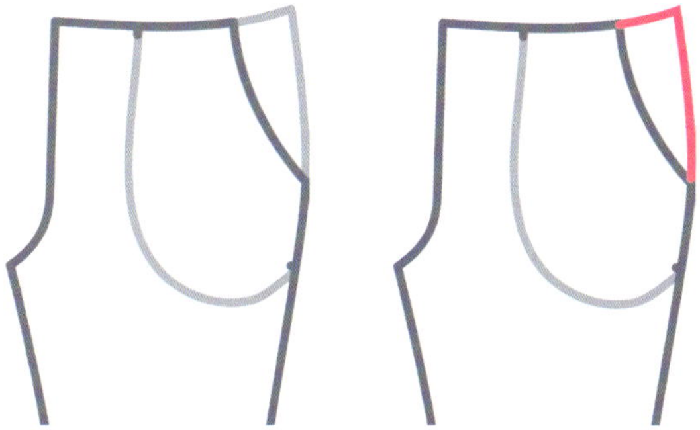

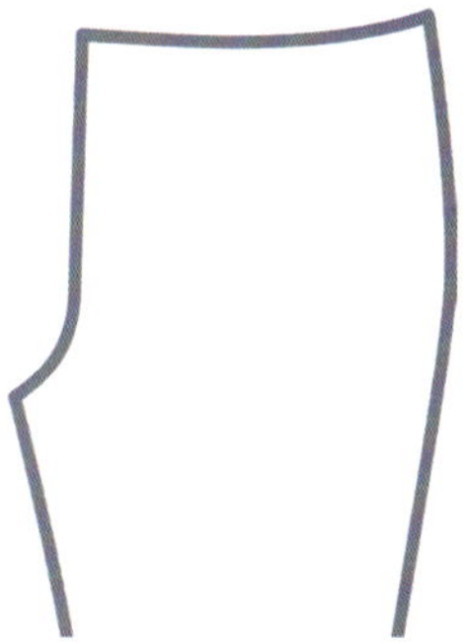

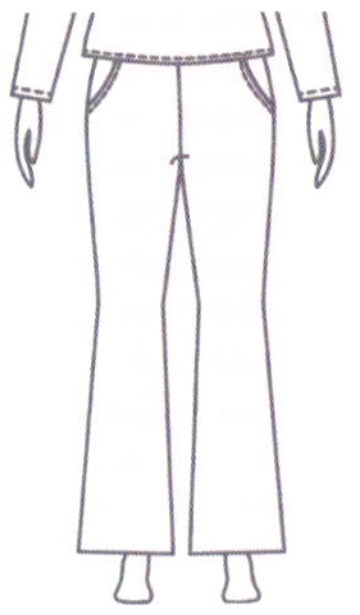

SCHLAGHOSE

Du kannst selbst bestimmen, ab welchem Punkt der Schlag am Saum anfangen soll. Generell empfiehlt es sich, den Schlag ab dem Knie aufspringen zu lassen. Für einen noch schöneren und sichtbaren Effekt sorgt eine Hose, die bis zum Knie eng verläuft.

NEUE WEITE DER HOSENBEINE FÜR SCHLAGHOSE EINZEICHNEN

Wie groß du deinen Schlag haben möchtest, kannst du selbst bestimmen. Als Erstes verlängerst du sowohl an der Vorder- als auch an der Hinterhose die waagerechte Saumlinie zu beiden Seiten.

Wenn du den Saum sehr stark verbreiterst, solltest du den Saum etwas runder einzeichnen, damit der Schlag später gleichmäßiger fällt.

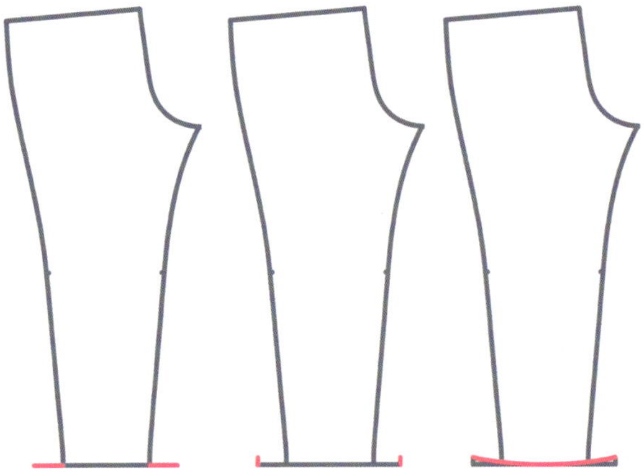

VERBINDEN DER HOSE MIT DEM SCHLAG

Zeichne dann vom Saum aus neue harmonische Seitenlinien ein, die etwa in Kniehöhe auf die Original-Linien treffen.

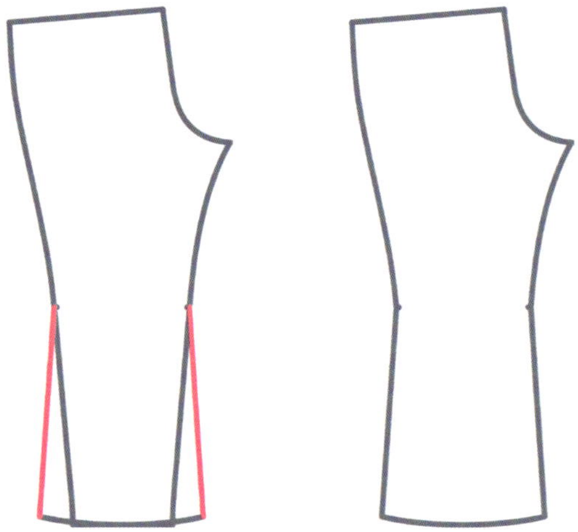

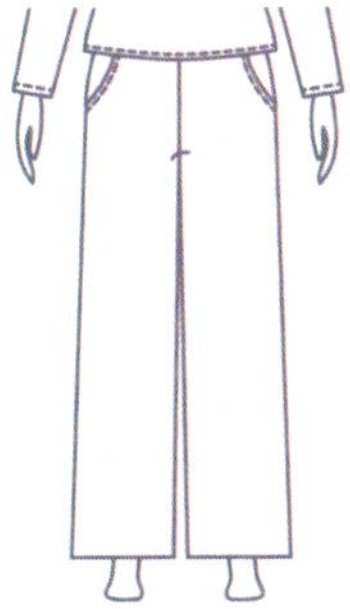

MARLENEHOSE

Aus dem Hosenschnitt kannst du ganz einfach eine weite Marlenehose konstruieren. Eine Marlenehose zeichnet sich durch ihre weiten Hosenbeine aus.

SCHRITT VERTIEFEN

Damit deine Hose im Schritt nicht zu eng, sondern schön bequem sitzt, wird die Schrittnaht etwas nach unten gesetzt. Dafür gehst du an der Hinterhose jeweils 1–2 cm an der Schrittecke heraus und 1 cm nach unten.

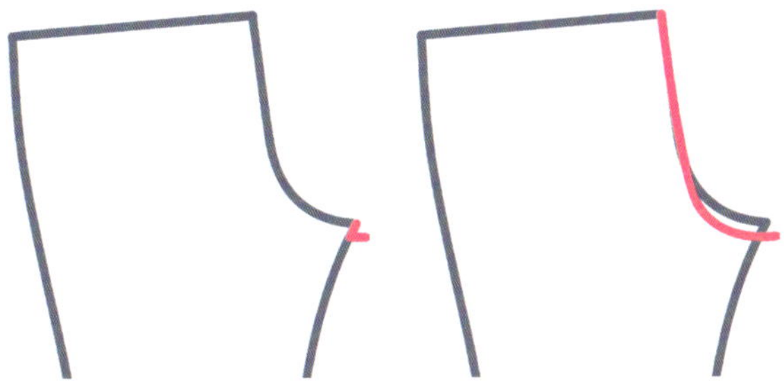

HOSENBEIN WEITER MACHEN

Für ein weites, gerade geschnittenes Hosenbein verbreitere den Saum auf die von dir gewünschte Weite, z. B. je 4–5 cm an jeder Seite. Zeichne dir danach zusätzlich auf Kniehöhe eine Mehrweite ein, und zwar so viel, dass das Hosenbein auf Kniehöhe in etwa so weit ist wie der Saum.

HOSENBEIN FÜR WEITE HOSE NEU ZEICHNEN

Zum Schluss brauchst du dein Hosenbein nur noch neu einzeichnen. Achte darauf, dass deine Seiten einen schönen Verlauf an der Hüfte haben. Wiederhole das dann auch an der Vorderhose.

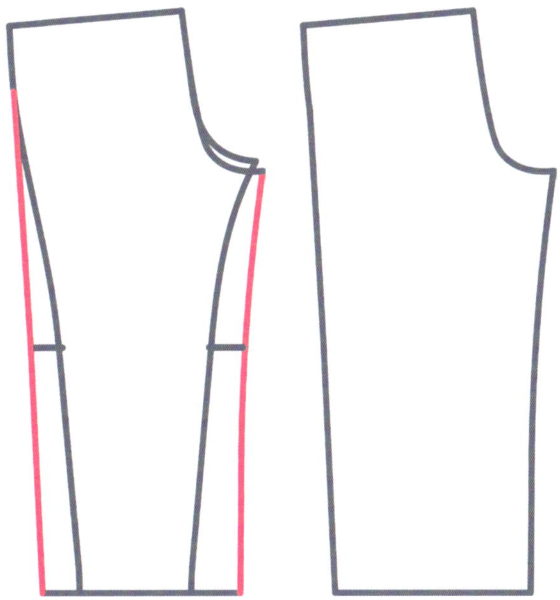

LÄNGEN & WEITEN

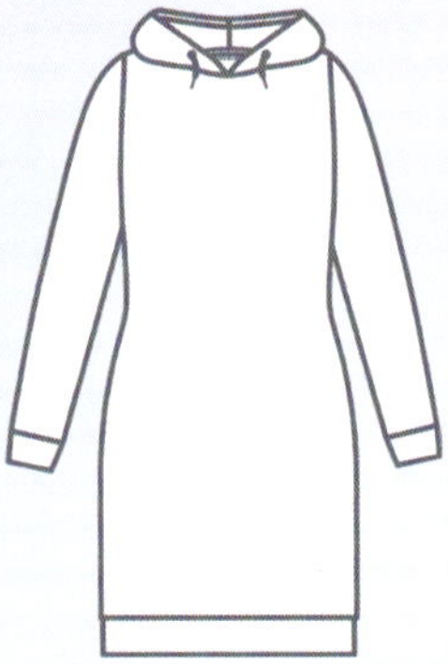

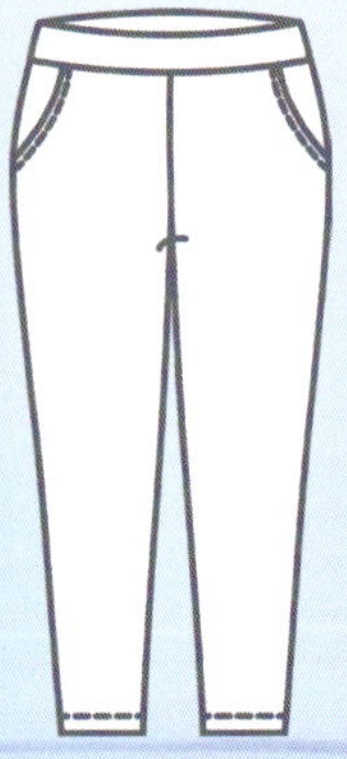

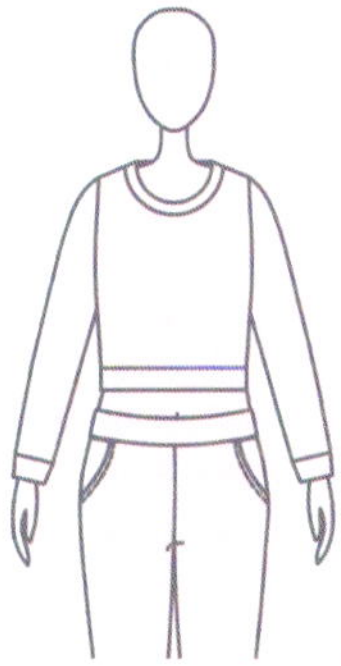

KLEID & CROPTOP

Aus einem bestehenden Sweatshirt-Schnitt lassen sich durch Verlängern bzw. Kürzen verschiedenste Arten von Kleidern und Oberteilen kreieren.

SHIRT ZUM KLEID VERLÄNGERN

Möchtest du dein Oberteil z. B. auf Tunika- oder Kleiderlänge bringen, dann gib ab der Hüfte die gewünschte Länge einfach am Saum hinzu. So bleibt der Schnitt an Taille und Hüfte unverändert.

Hier kannst du je nach Geschmack die Seiten entweder gerade runterlaufen lassen oder die Seitennaht etwas ausstellen und eine A-Linienform kreieren.

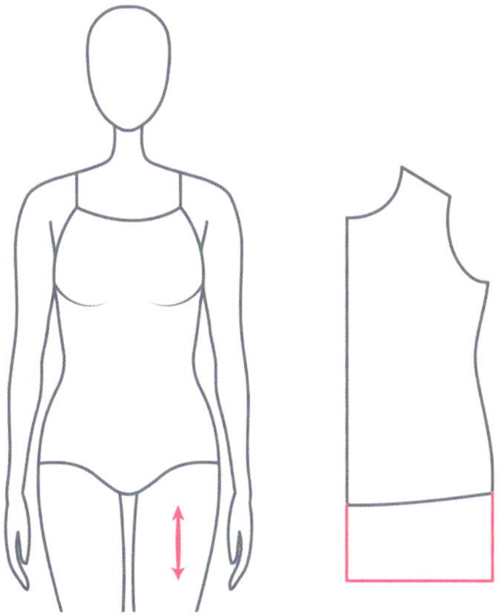

SHIRT ZUM CROPTOP VERKÜRZEN

Wenn du dir aus einem bestehenden Schnitt ein Croptop nähen möchtest, dann kannst du den Schnitt einfach in der Länge einkürzen. Achte nur darauf, dass du ggf. den Bund auf die neue Weite anpasst.

Wenn du nicht möchtest, dass der neue Bund zu weit absteht, kannst du ihn auch enger zuschneiden oder ein Gummi einziehen.

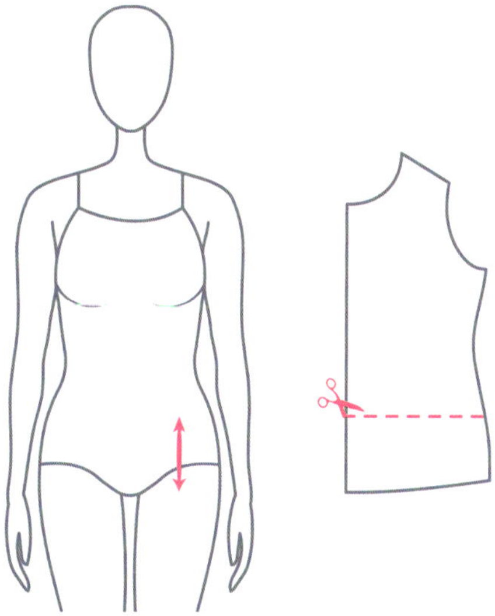

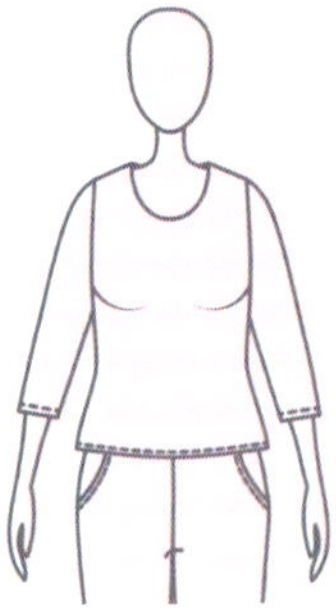

KURZE ÄRMEL

Wenn du ein Schnittmuster mit langen Ärmeln hast, kannst du sie auch zu 3/4 oder kurzen Ärmeln einkürzen.

ARMLÄNGE AUSMESSEN

Miss an deinem Arm aus, wie lang der Ärmel später sein soll.

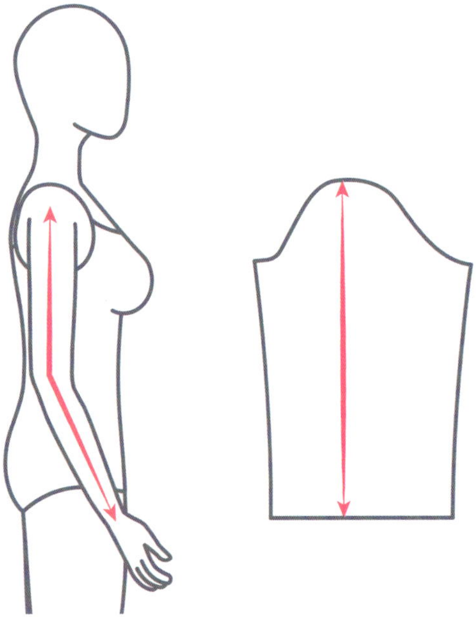

NEUE LÄNGE IM SCHNITT EINZEICHNEN

Zeichne dir die neue Wunschlänge im Schnittmuster ein. Achte darauf, dass die neue Linie parallel zur urspünglichen Saumlinie verläuft. In der Regel ist das im 90-Grad-Winkel zum Fadenlauf.

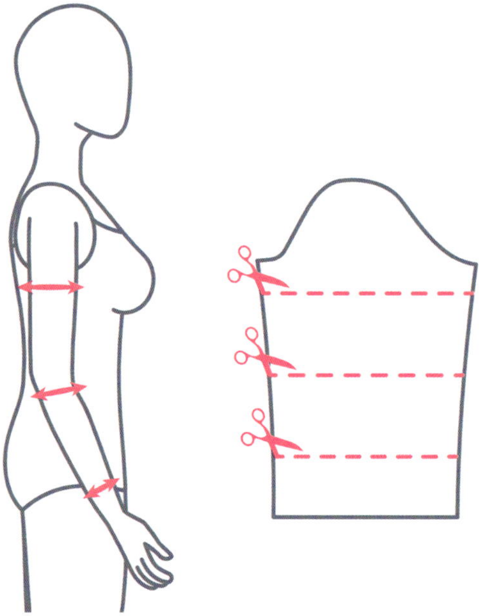

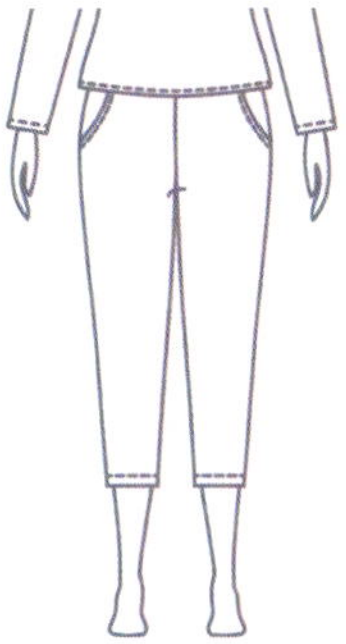

CAPRIHOSE

Wenn du ein Hosenschnittmuster mit langen Beinen hast, kannst du die Beine auch zu ⅞ oder zu Caprihose einkürzen.

BEINLÄNGE AUSMESSEN

Miss an deinem Bein aus, wie lang das Hosenbein später sein soll.

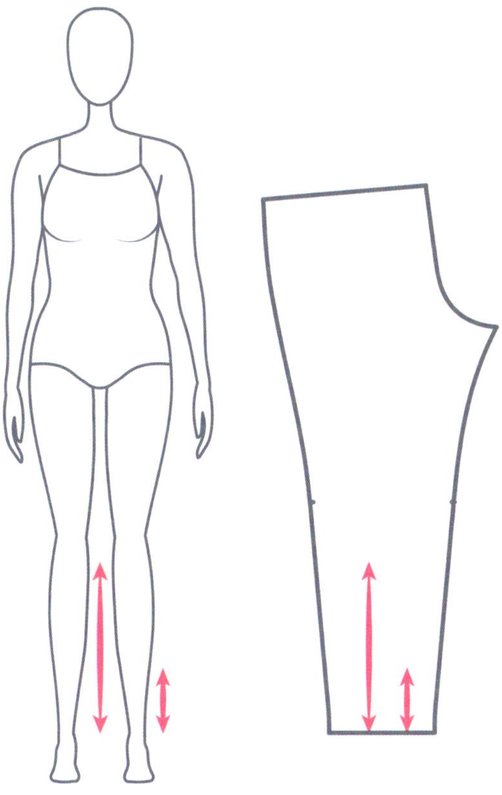

NEUE LÄNGE IM SCHNITT EINZEICHNEN

Zeichne dir die neue Wunschlänge im Schnittmuster an der Vorder- und Hinterhose ein. Achte darauf, dass die neue Linie parallel zur urspünglichen Saumlinie verläuft. In der Regel ist das im 90-Grad-Winkel zum Fadenlauf.

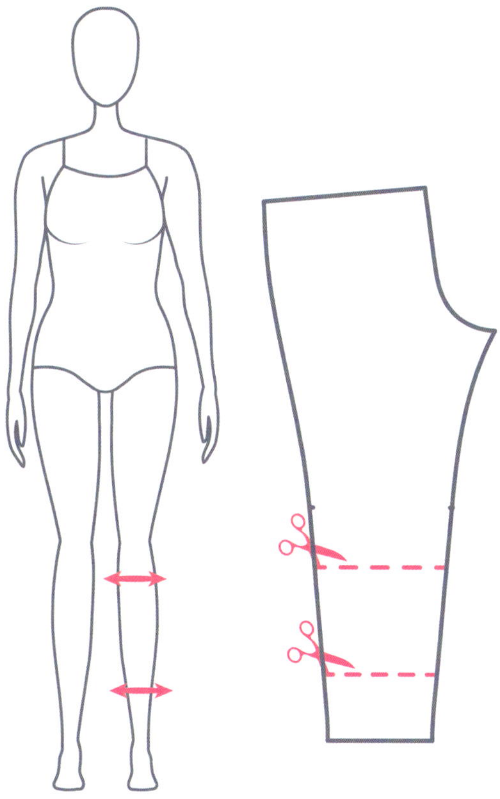

DETAILS

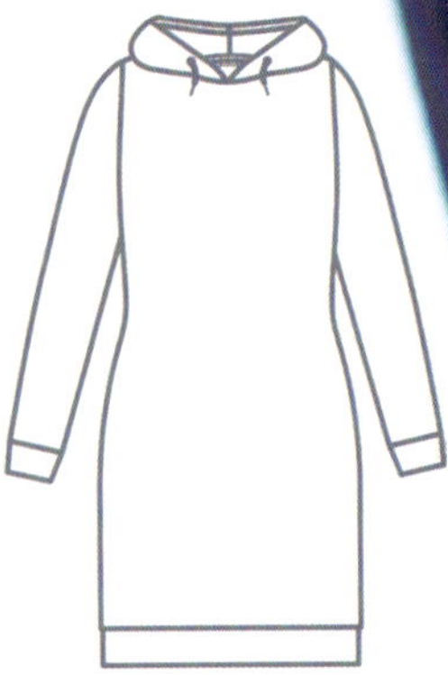

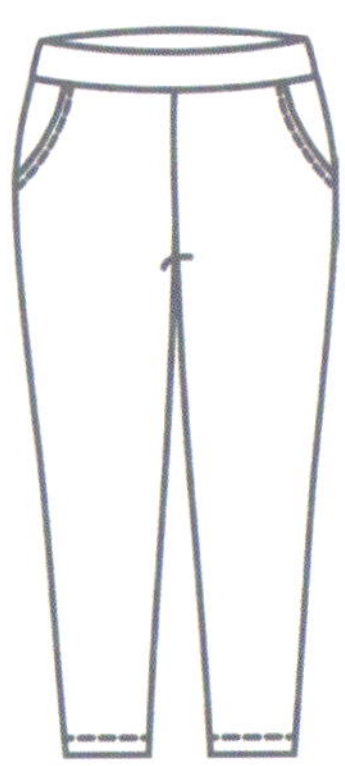

NAHTTASCHE

Wenn du auf Taschen an deiner Kleidung nicht verzichten, die Optik aber nicht ändern möchtest, kannst du sie unauffällig in der Naht verstecken.

MARKIERUNGEN FÜR TASCHEN-POSITION SETZEN

Zeichne dir an Vorder- und Rückteil ein, in welcher Höhe die Eingrifftasche beginnen soll. Die Taillenmarkierung ist hierfür eine gute Orientierung. Das untere Ende der Nahttasche kannst du dir mithilfe deiner Hand grob aufzeichnen.

Lege auf das Vorderteil ein Papier und zeichne die Seitennaht zwischen den Markierungen für den Beutel ein. Lege dann deine Hand auf das Papier und zeichne die Größe für den Taschenbeutel ein.

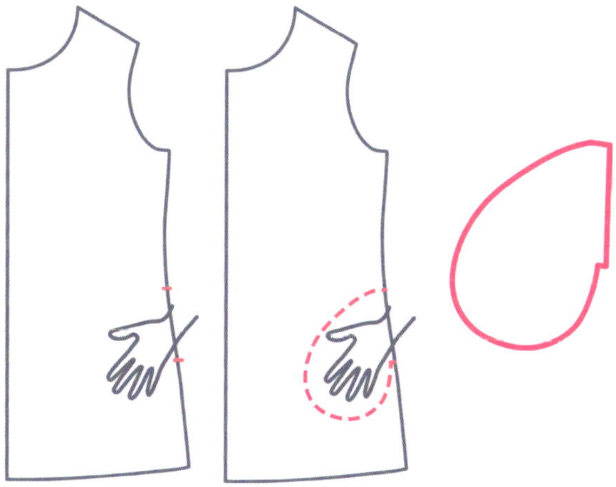

TASCHENBEUTEL ZUSCHENIDEN UND ANNÄHEN

Der Taschenbeutel wird insgesamt viermal zugeschnitten, 2 x links und 2 x rechts.

Nähe die Taschenbeutel laut deinen Markierungen rechts auf rechts an beide Seiten des Vorder- und Rückteils.

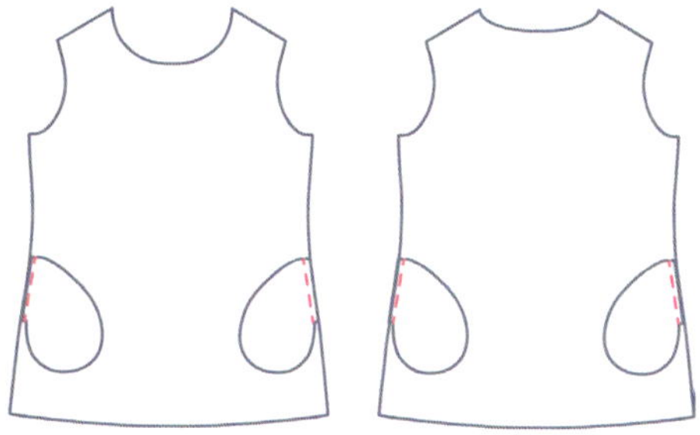

SEITENNAHT IN EINEM MIT TASCHEN-BEUTEL SCHLIESSEN

Klappe das Oberteil rechts auf rechts, sodass die Seiten und Taschenbeutel aufeinandertreffen und schließe die Seitennähte.

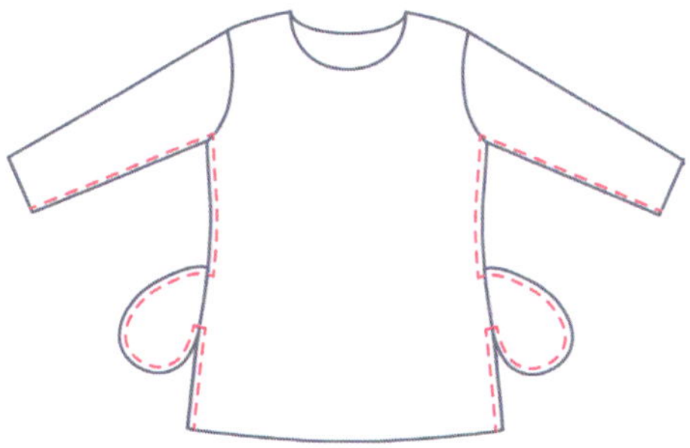

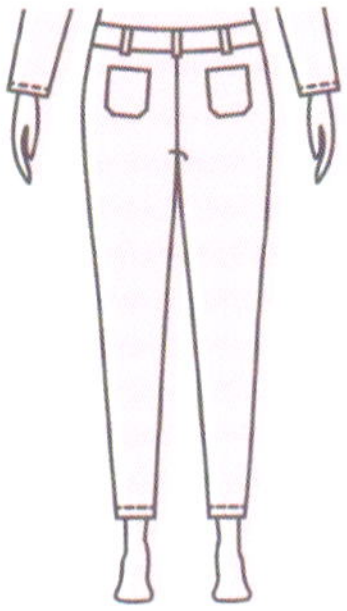

GÜRTELSCHLAUFEN

Wer gern Gürtel trägt, kann sich selbstverständlich auch Gürtelschlaufen an seine Hose nähen.

BREITE DER GÜRTELSCHLAUFE FESTLEGEN

Wie breit oder schmal du deine Schlaufen machen möchtest, ist Geschmackssache. Die finale Breite gibt vor, wie breit der zugeschnittene Streifen sein muss. Bei dickeren Stoffen wie Jeans oder Canvas wird der Streifen 3x so breit wie die finale Gürtelschlaufe, bei dünneren Stoffen 4x so breit. Möchtest du beispielsweise, dass die fertige Gürtelschlaufe eine finale Breite von 1cm haben soll, muss der Streifen mit einer Breite von 3cm bzw. 4cm zugeschnitten werden.

LÄNGE DER GÜRTELSCHLAUFE FESTLEGEN

Die Länge des Streifens richtet sich nach der Anzahl der Gürtelschlaufen und der Breite des Gürtels, der später mit der Hose getragen werden soll. Je breiter der Gürtel, desto länger die Schlaufen. 7–10cm sind eine gute, durchschnittliche Länge für Gürtelschlaufen, durch die ein Standard-Gürtel passt. Für eine Hose brauchst du 5–7 Gürtelschlaufen. Möchtest du also insgesamt 5 Gürtelschlaufen à 10cm anbringen, schneidest du eine Länge von 60cm zu.

FADENLAUF UND DEHNBARKEIT BEACHTEN

Der Fadenlauf ist so zu wählen, dass sich die lange Seite nicht dehnen kann. Am besten den Stoff vor dem Zuschnitt auf seine Dehnrichtung testen.

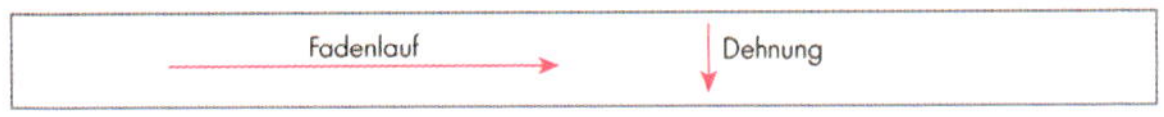

GÜRTELSCHLAUFEN FÜR DICKE STOFFE NÄHEN

Hast du deinen Streifen ausgeschnitten, kannst du eine Längsseite mit der Overlockmaschine oder mit einem Zickzackstich versäubern.

Nun geht es an dein Bügelbrett: Lege dir den Streifen mit der linken Seite nach oben zurecht und bügle die nicht versäuberte Längsseite ⅓ nach innen.

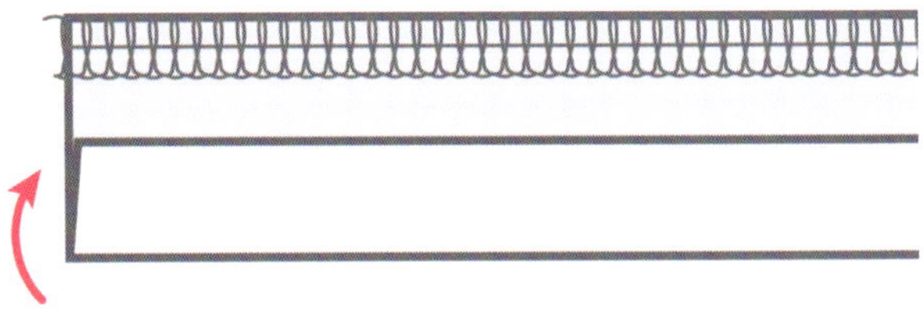

Dann legst du die versäuberte Längsseite genau darüber, sodass du einen fertigen Streifen hast. Den Streifen kannst du einmal kräftig bügeln.

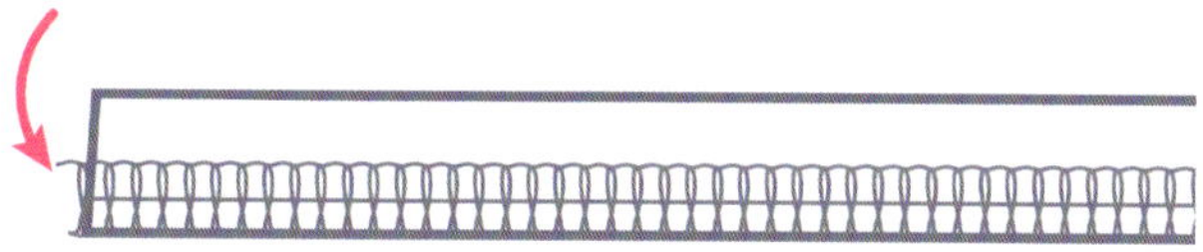

Zum Schluss brauchst du den Streifen nur noch einmal knappkantig von rechts absteppen, erst die offene, dann die geschlossene Seite.

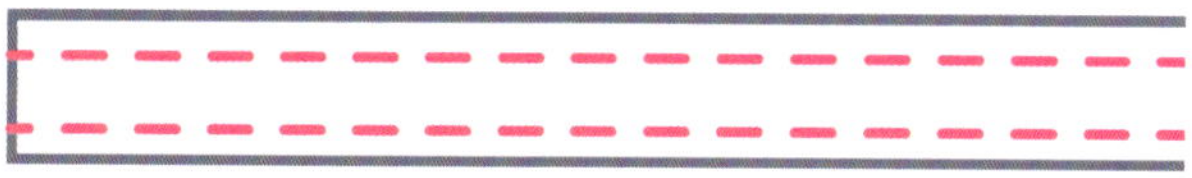

GÜRTELSCHLAUFEN FÜR DÜNNE STOFFE NÄHEN

Wenn du einen dünneren Stoff nutzt, dann falte die äußeren Kanten der Länge nach erst zur Mitte.

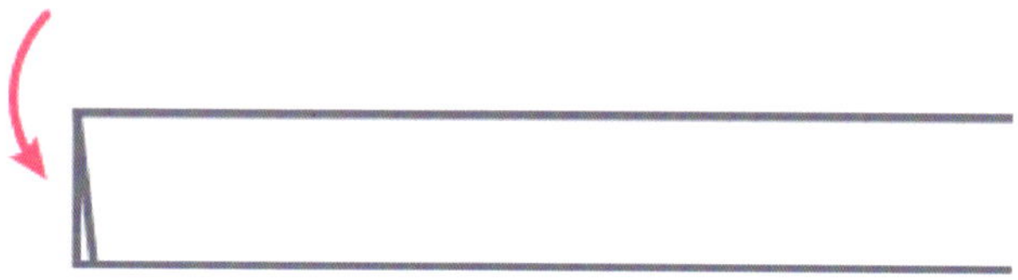

Falte den Streifen dann ein weiteres Mal der Länge nach zur Hälfte zusammen.

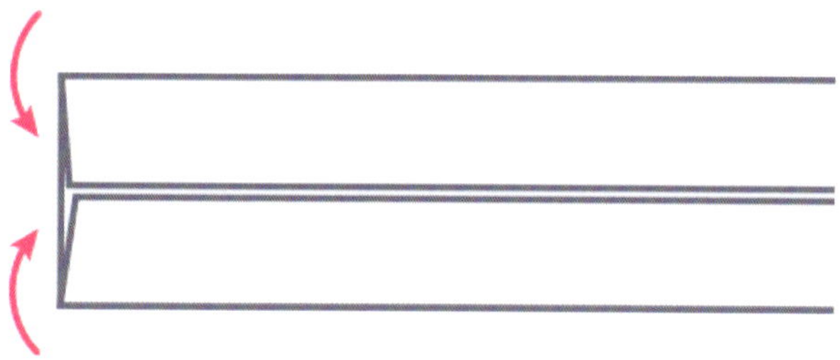

Nähe zuerst die offene Kante knappkantig zusammen und danach die geschlossene Seite.

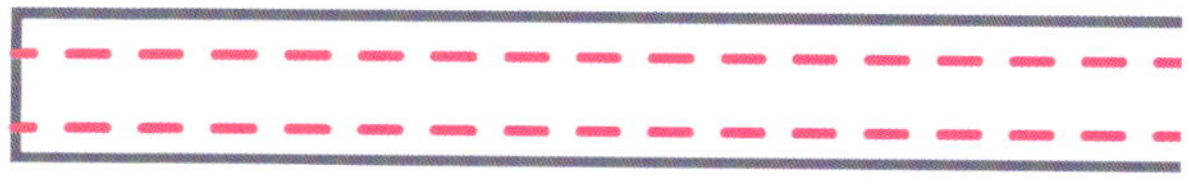

EINZELNE GÜRTELSCHLAUFEN ZUSCHNEIDEN

Schneide jetzt den Streifen in gleich große Gürtelschlaufen.

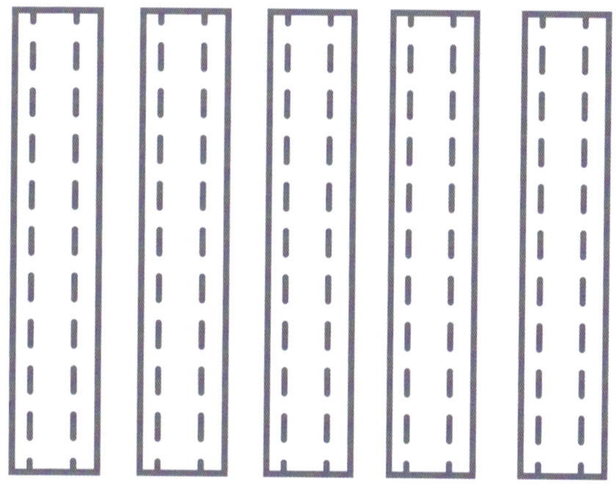

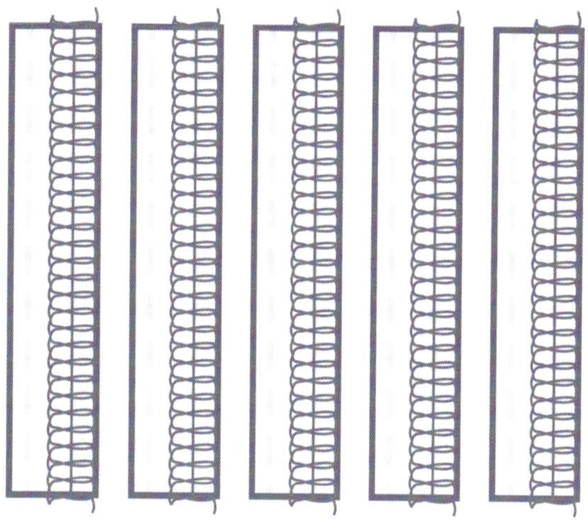

GÜRTELSCHLAUFEN AN DIE HOSE NÄHEN

Die Gürtelschlaufen werden an die Hose genäht, bevor der Bund angenäht wird.

Lege deine Hose mit der rechten Seite nach oben vor dich hin und verteile die Gürtelschlaufen gleichmäßig an die Punkte, wo du die Hose vom Gürtel gehalten haben möchtest. An der Vorderhose empfiehlt es sich, die Schlaufen ca. 4 cm vor der Eingriffstasche zur Mitte hin anzubringen.

Lege die Schlaufe mit der kurzen Seite Kante auf Kante auf die Bundkante der Hose, sodass du auf die untere Kante der Gürtelschlaufe schaust. Nähe die kurze Seite der Schlaufe knappkantig oben in der Nahtzugabe der Hose fest.

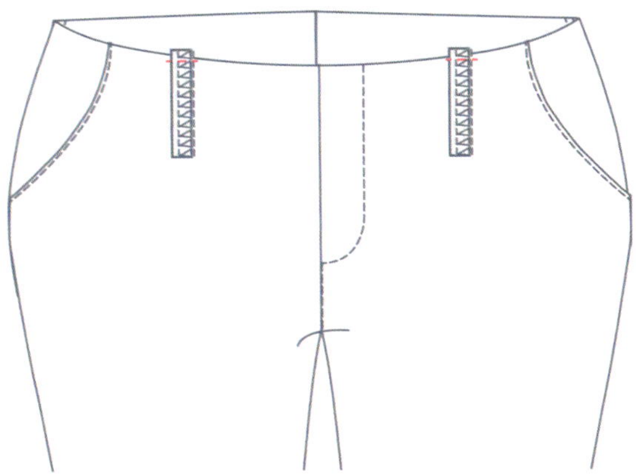

BUND ANNÄHEN

Dann kannst du wie in der Anleitung beschrieben deinen Bund annähen. Die Gürtelschlaufen liegen dabei zwischen Bund und Hose und hängen unten raus. Sie werden nur an der bereits in der Nahtzugabe fixierten kurzen Seite mit festgenäht.

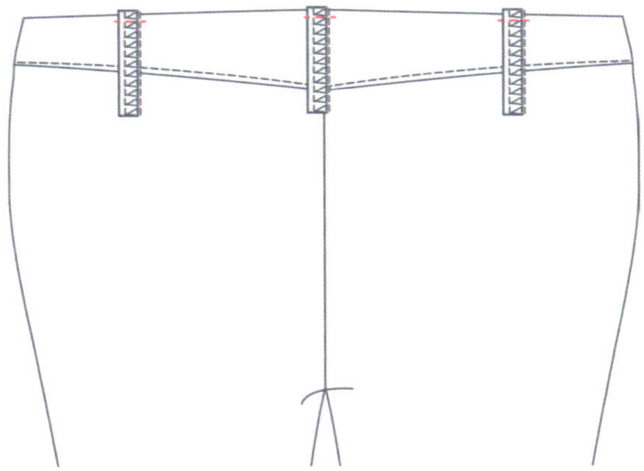

GÜRTELSCHLAUFEN AM BUND FIXIEREN

Jetzt werden die Gürtelschlaufen am Bund fixiert. Dafür klappst du das noch offene kurze Ende ca. 0,5 cm nach innen ein, klappst die Schlaufe insgesamt nach oben und legst sie bündig mit der oberen Bundkante. Dort wird die Schlaufe knapp festgenäht.

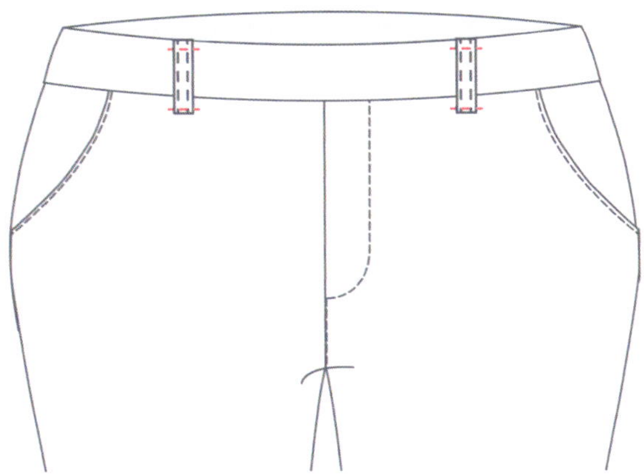

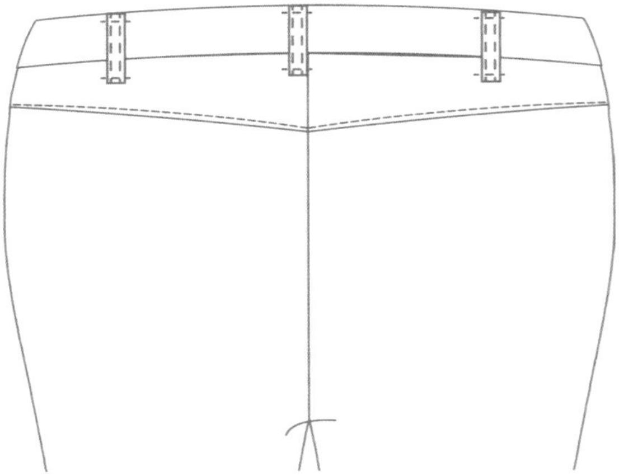

Danach streichst du die Gürtelschlaufe glatt nach unten. Je nach Länge der Gürtelschlaufe kann die Schlaufe unten dann doppelt aufeinanderliegen. Wichtig ist, dass die Schlaufe glatt auf der Hose anliegt. Das Ende der Gürtelschlaufe wird ebenfalls im Anschluss knapp festgenäht.

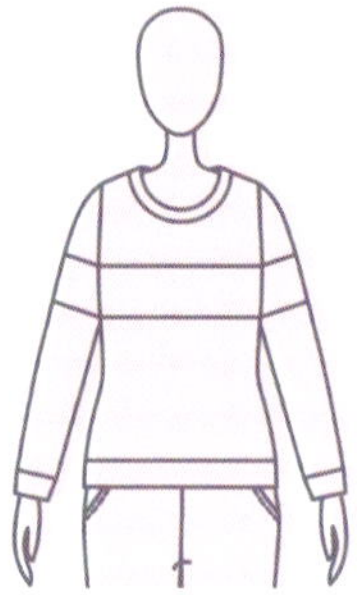

TEILUNGSNÄHTE

Teilungsnähte geben dir die Möglichkeit, mit Farben und Formen zu spielen – und so deiner Kleidung eine ganz individuelle Note zu geben.

LINIEN EINZEICHNEN

Zeichne dir überall, wo du eine Teilung haben möchtest, eine Linie auf das entsprechende Schnittteil.

Bezeichne die einzelnen Teil-Abschnitte, damit du später den Schnitt wieder zusammengesetzt bekommst. Schneide das jeweilige Schnittteil an den Linien auseinander.

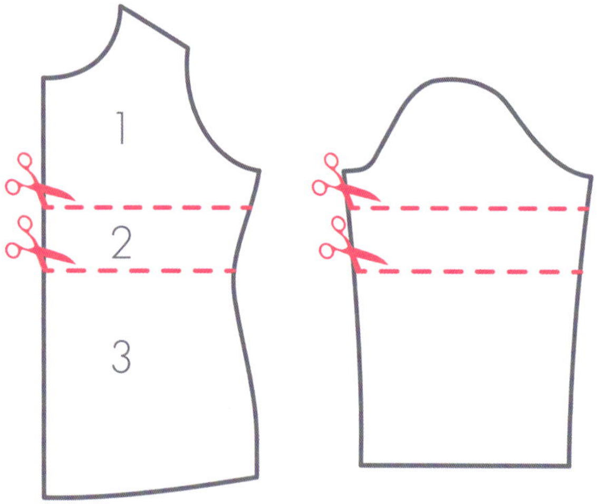

NAHTZUGABE HINZUFÜGEN

Füge an jede Teilungsnaht je 1 cm Nahtzugabe hinzu.

GLEICHE HÖHE DER TEILUNGEN

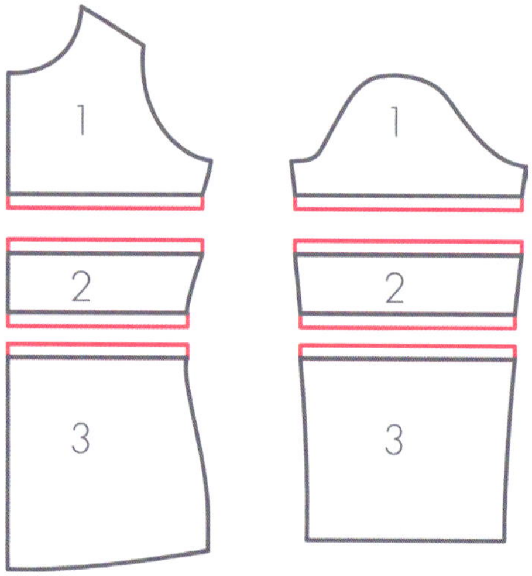

Wenn du nicht nur am Vorderteil, sondern auch an den Ärmeln oder auch am Rückteil die Teilung weiterlaufen lassen möchtest, dann richte die Teilungen am Achselpunkt aus.

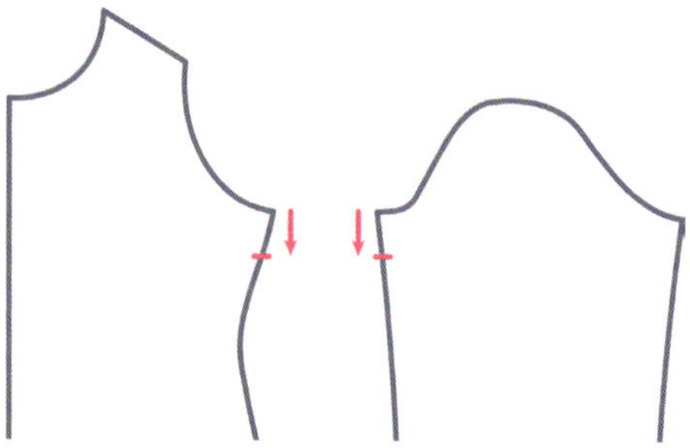

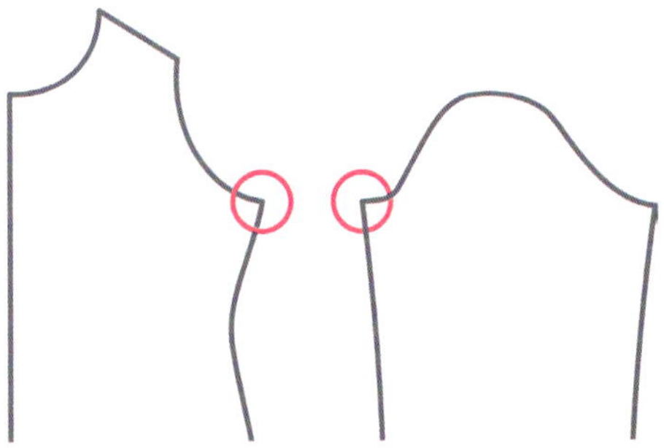

SCHNITTTEILE NEU ZUSAMMENSETZEN

Wenn du alle einzelnen Teile ausgeschnitten hast, werden sie nach und nach zu einem Ganzen wieder zusammengesetzt.

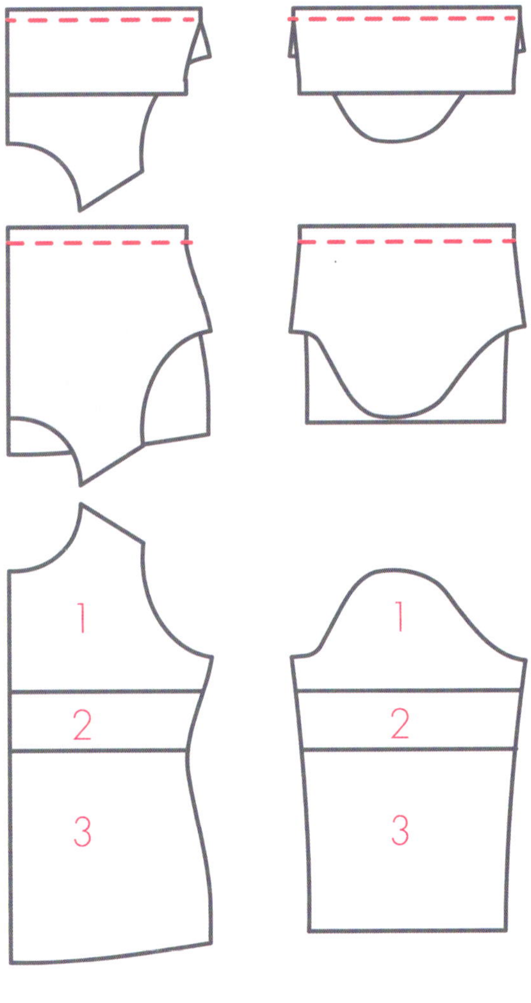

BIESEN

Unter einer Biese versteht man das Absteppen einer kleinen länglichen Falte zwischen 1–2 mm.

BIESEN NÄHEN

Zeichne dir die erste Linie ein, die du zu einer Biese nähen möchtest. Zeichne dann im gleichen Abstand weitere Linien für weitere Biesen ein. Falte den Stoff dort einmal der Länge nach links auf links zusammen, sodass du eine glatte Kante bekommst, auf die du mit einem Abstand von 1 mm deine Naht setzt.

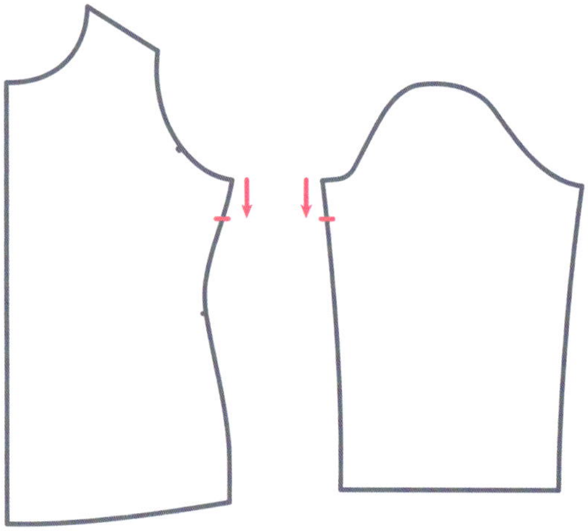

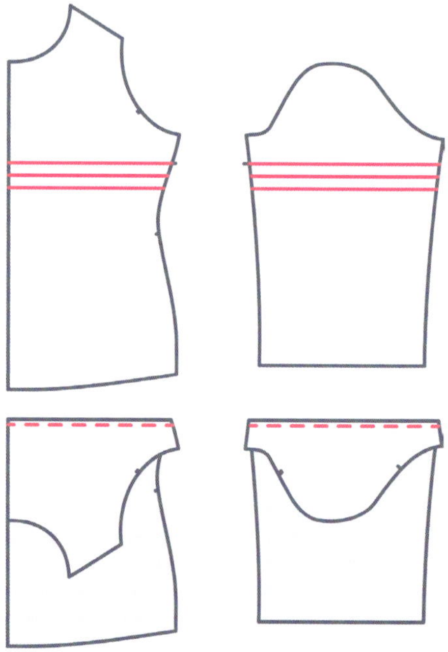

NÄHFUSS

Zum Nähen der Biesen empfehle ich dir den Blindstich- oder Kantennähfuß. Es funktioniert aber auch mit dem normalen Nähfuß.

NADELPOSITION

Damit der Stoff gleichmäßig transportiert wird, kannst du den Abstand zur Kante über die Nadelposition regeln.

3–5 BIESEN

Möchtest du nur ca. 3–5 Biesen nähen, kannst du diese ohne Anpassung des Schnittteils nähen. Die wenigen Millimeter, die durch die Biesen verloren gehen, fallen bei der späteren Gesamtlänge nicht ins Gewicht.

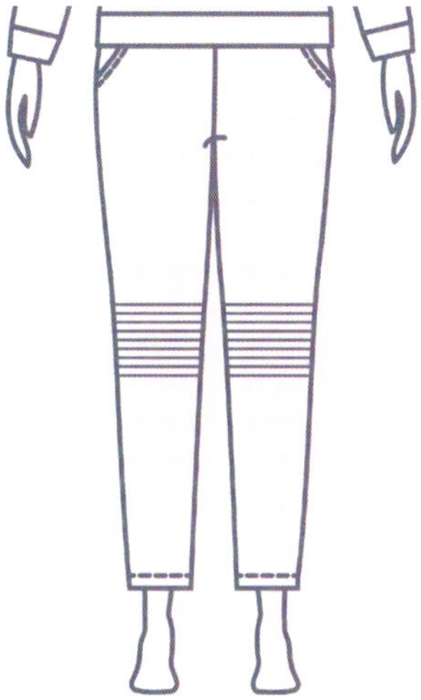

VIELE BIESEN | BIKERSTYLE

Möchtest du viele Biesen nähen, z. B. als Knieeinsatz für einen Bikerstyle an der Hose, dann empfehle ich dir, das Schnittmuster für das Hosenbein an der gewünschten Stelle auseinanderzuschneiden. Gib an jeder Stelle 1 cm Nahtzugabe dazu.

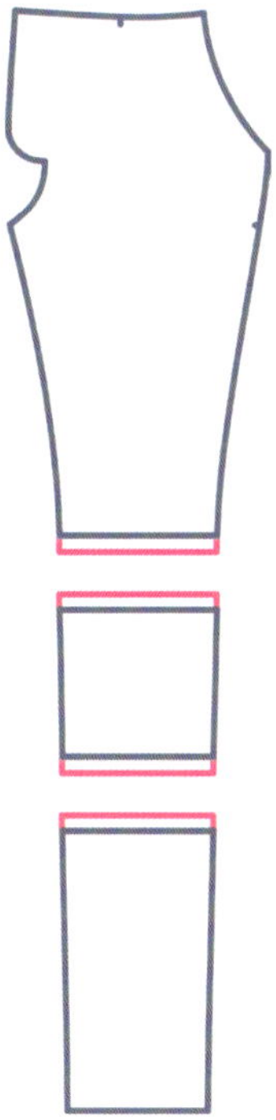

Schneide dir dann ein Stoffstück grob aus, das etwas breiter als das Schnittteil ist und etwa doppelt so lang.

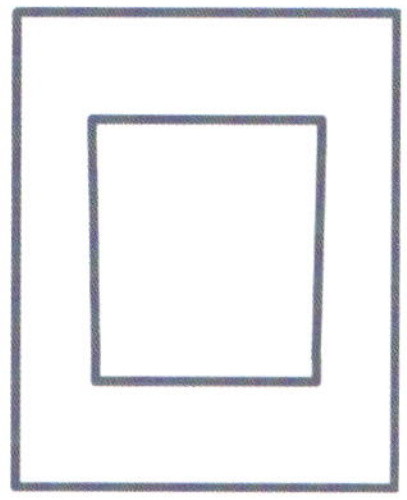

Zeichne dir über das komplette Stoffstück die Linien ein und nähe die Biesen.

Lege dann das Schnittteil auf das Stück Stoff und schneide es aus.

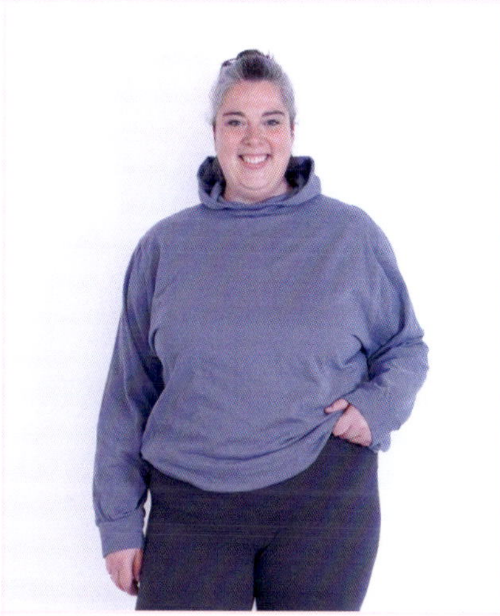

DANKE

Ich danke allen, denen ich mit meiner Arbeit ein Lächeln ins Gesicht zaubere – deine Freude ist mein Antrieb. Ich danke meiner Familie und Freunden, die meine kreativen Kapriolen bedingungslos ertragen. Bedanken möchte ich mich auch beim Verlag für das Vertrauen. Und danke auch an dich, weil du dieses Buch in den Händen hältst.

Ein spezieller Dank geht an diese wunderbaren Menschen:

KIRA, danke, dass du von Anfang an für meine Idee gekämpft hast. Aufs Universum!

STEFFI, danke, dass du der Welt zeigst, wie toll selbst genähte Kleidung an kurvigen Frauen jenseits der Größe 38 aussehen kann. Knutscher!

CHRISTINA, danke für die gestalterische Umsetzung meiner manchmal etwas wirren Gedanken. Du treue Seele!

JONAS, danke, dass ich bei dir immer ich selbst sein kann. Liebe meines Lebens!

SEBASTIAN, danke, dass du bist, wie du bist – mein bester Freund!

PAPILI, danke für den Näh-Impuls und dass du so ein toller Papa warst!

WIE ALLES BEGANN

„ICH WILL DOCH NUR EINFACH NÄHEN!"

1996

Mit 14 Jahren habe ich mit meinem Vater einen Rucksack aus einem alten Postsack genäht und dadurch meine Leidenschaft für das Nähen entdeckt. Ganz intuitiv habe ich ohne Schnittmuster genäht und wild drauf los experimentiert. Wenn etwas zu lang war, schnitt ich es ab, war es zu kurz, habe ich Stoff hinzugefügt. Dehnbare Stoffe wurden mit Geradstich genäht, und wenn die Naht gerissen ist, habe ich einfach nochmal darüber genäht.

Schnittmuster kannte ich damals noch nicht. Später habe ich dann Burda und Co. entdeckt, aber die komplizierten Begriffe haben es mir nicht leicht gemacht. Dann kam das Internet ins Spiel und bei den digitalen Schnittmustern mit klaren Anleitungen und Schritt-für-Schritt-Bildern habe ich sehr oft gedacht „Ach, so funktioniert das also!"

Der Wendepunkt in meinem Leben kam Anfang 2015. Ich kam wieder einmal frustriert von der Arbeit nach Hause und mein Mann fragte mich „Was möchtest du denn lieber machen?" - „Einfach nähen", seufzte ich. Und so begann die Geschichte von *einfach nähen*.

Ich eröffnete im Mai 2015 eine Nähwerkstatt, in der ich Nähkurse für Anfänger*innen und Fortgeschrittene anbot. Im selben Jahr habe ich auch meinen YouTube-Kanal eröffnet, auf dem ich regelmäßig meine Tipps und Tricks teile, die das Nähen noch ein kleines bisschen einfacher machen.

Seit 2019 betreibe ich *einfach nähen* nur noch online und vermittle mein Nähwissen in YouTube-Tutorials und ausführlichen Onlinekursen auf meiner Website. Mittlerweile begeistere ich über 200.000 Follower und Mitglieder, denen ich die Welt des Nähens in verständlichen Worten erkläre.

Was mich am meisten erfüllt, ist der direkte Austausch mit meinen Teilnehmer*innen. Die Freude in ihren Augen zu sehen, wenn sie stolz ihr genähtes Werk präsentieren, macht mich einfach nur glücklich. Denn das ist, was ich wollte: einfach nähen.

WWW.EINFACH-NAEHEN.COM

NOCH MEHR BÜCHER

simple NÄHEN: Praktische Alltagsmode in Größe 34–50
ISBN: 978-3-7459-1490-0
26,00€ (D) / 26,80€ (A)

Passt perfekt – Schnittmuster an die eigene Körperform anpassen
ISBN: 978-3-86355-857-4
19,99€ (D) / 20,60€ (A)

Timeless Chic – 70 Outfits nähen für jede Gelegenheit
ISBN: 978-3-7459-0321-8
22,00€ (D) / 22,70€ (A)

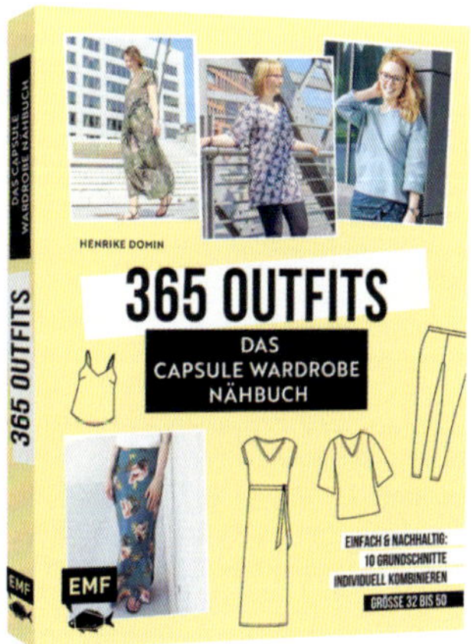

365 Outfits – Das Capsule Wardrobe Nähbuch
ISBN: 978-3-7459-0320-1
25,00€ (D) / 25,70€ (A)

IMPRESSUM

Bibliografische Information der Deutschen Bibliothek.

Die Deutsche Bibliothek verzeichnet diese Publikation in der Deutschen Nationalbibliografie.
Detaillierte bibliografische Daten sind im Internet über http://www.dnb.de/ abrufbar.

EIN BUCH DER EDITION MICHAEL FISCHER

1. Auflage 2023

Covergestaltung, Layout und Satz: Michaela Zander
Fotos und Illustrationen: © einfach nähen, Anna Stallmeyer, Münster
Projektleitung: Kira Weingarten
Lektorat: Saskia Reusch

ISBN 978-3-7459-1885-4

Gedruckt bei Polygraf Print, Čapajevova 44, 08001 Prešov, Slowakei

www.emf-verlag.de